불교

첫단추 시리즈
038

불교

데미언 키온 지음
고승학 옮김

교유서가

차례

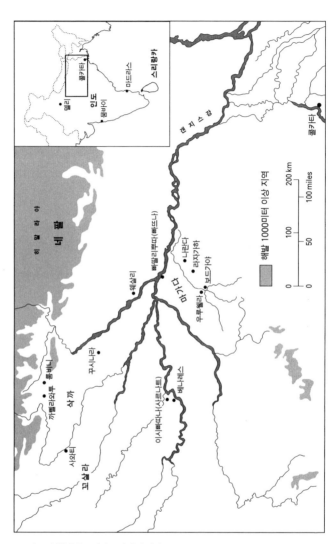

1. 인도 및 붓다가 교화하고 살았던 지역

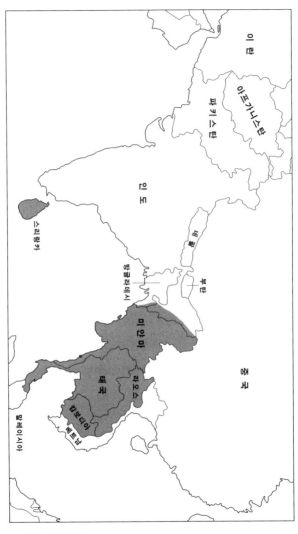

2. 아시아의 상좌부불교

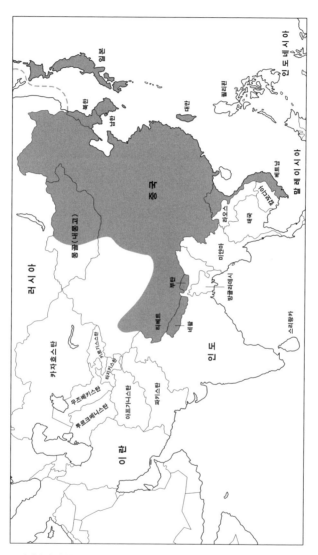

3. 아시아의 대승불교

인용과 발음에 대한 일러두기

이 책을 읽는 독자들은 이따금 'D.ii.95'와 같은 참고문헌 형식을 보게 될 것이다. 이는 불교 경전, 특히 빨리성전협회(Pali Text Society)에서 발간한 초기불교의 경전 편집본들을 가리킨다. 참고문헌 표기에서 핵심 사항은 다음과 같다. 첫 문자는 붓다의 설법(sutta)들을 모은 몇 가지 부류(部類) 가운데 하나를 가리킨다.

D	Dīgha Nikāya	장부(長部) 경전
M	Majjhima Nikāya	중부(中部) 경전
A	Aṅguttara Nikāya	증지부(增支部) 경전
S	Saṃyutta Nikāya	상응부(相應部) 경전

로마 숫자 'ii'는 권 번호를 나타내며, 아라비아 숫자 '95'는 쪽 번호를 나타낸다. 따라서 'D.ii.95'는 Dīgha Nikāya 제2권 95쪽을 참조하라는 뜻이다. 'Vin'이라는 접두어가 표기된 참고문헌도 보일 텐데, 이는 위나야(Vinaya), 곧 승려들의 규칙〔율律〕이라고 알려진 빨리어 경전에 해당하는 부분을 가리키며, 거기에는 승려들의 생활과 관련된 자료들이 포함되어 있다. 빨리어로 된 경전 전체의 번역물이 빨리성전협회에 의해 출간된 바 있다. 좀더 최근에는 다른 종류의 번역물도 사용할 수 있게 되었으며, 이는 책 말미의 '독서안내'에 소개되어 있다.

언어와 발음

불교의 문헌들은 빨리어, 산스끄리뜨, 티베트어, 태국어, 버마어, 중국어, 일본어, 한국어 등을 포함하는 많은 언어들로 지어졌고 번역되었다. 그러나 일반적으로 불교의 특수용어들은 그들 용어에 대응하는 빨리어나 산스끄리뜨 형태로 인용하는 것이 보통이다. 이 책에서는 대개 빨리어 형태가 사용될 테지만, '까르마'나 '니르와나'와 같이 산스끄리뜨 형태가 영어 용례로서 확립된 경우에는 예외로 한다. 2차 문헌에 자주 보이는, 고유명사에 대한 전사(轉寫, transliteration) 표기법 또한 그대로 유지될 것이다. 중요한 술어에 대응되는 산스끄리뜨 및 빨리어는 괄호 안에 나타낼 것이다.

산스끄리뜨와 빨리어로부터 로마자로 전사할 경우, 26자의 알파벳으로는 아시아 언어들의 많은 글자들을 표현하기에 부족하므로 예컨대 'ā'와 'ṃ'에 보이는 것과 같은 발음 구별 부호(diacritic)를 사용해야 한다. 모음 위에 표시된 짤막한 가로선(macron)은 장음을 나타낸다. 곧 'ā'는 'fat'보다는 'far'에 들어있는 'a'처럼 발음되는 것이다. 대체로 그 밖의 경우는 다음의 예외를 제외하면 신경써야 할 정도로 발음에 영향을 끼치지는 않는다.

c	'choose'에서와 같이 'ch'로 발음됨('ㅉ'에 더 가까움)
ś 또는 ṣ	'shoes'에서와 같이 'sh'로 발음됨
ñ	스페인어 'mañana'에서와 같이 'ny'로 발음됨

모음 아래에 점이 있는 경우(ṭ, ḍ 등)는 발음할 때 혀가 입천장에 닿음을 나타내며, 영어를 인도식으로 발음할 때 특징적인 소리를 만들어낸다.

불교
그리고 코끼리

붓다는 언젠가 장님과 코끼리에 관한 이야기를 한 적이 있
다(Udāna 69 이하). 그에 따르면 사왓티의 한 마을 족장이 모
든 눈먼 수하들을 불러 모아 몇 개의 집단으로 나누었다. 그
런 다음 각각의 집단은 코끼리가 있는 곳으로 갔고, 그 동물의
여러 부위들을 처음으로 접하게 되었다. 말하자면 머리, 몸통,
다리, 꼬리 등을 만지게 된 것이다. 나중에 그 족장은 각각의
집단에게 그 동물의 특성을 묘사하도록 하였는데, 머리를 만
진 이들은 코끼리를 항아리로 묘사했고 귀 부분에 친숙한 이
들은 그 동물을 키질을 하는 도구에 빗대었다. 다리를 만져본
이들은 코끼리가 기둥 같다고 말했으며, 상아의 촉감을 느껴
본 이들은 코끼리가 집게 모양이라고 주장했다. 이 집단들은

마침내 각기 자신이 정의한 코끼리가 옳고 다른 이들의 말은 그르다고 주장하면서 자기네끼리 다투게 되고 말았다.

대략 과거 2세기 동안에 불교를 연구한다는 것은 여러 측면에서 장님이 코끼리를 접한 일과 유사하다. 불교를 배우는 사람들은 그 전통의 작은 부분을 붙들고서 자신이 내린 결론이 전체에 대해서도 통한다고 여기는 경향이 있다. 종종 그들이 포착한 그 부분들이 코끼리라는 동물 전체에서 두드러지긴 해도 그것을 대표하지는 않는 부분, 곧 상아와 약간 닮은 경우가 있었다. 그 결과 그들은 불교에 대하여 잘못되고 성급한 일반화를 많이 시도하였는데, 예컨대 불교는 '부정적'이고 '세계를 부인'하며 '염세적'이라는 식이다. 오늘날 이렇듯 지나치게 일반화하는 경향이 흔하지는 않지만 여전히 좀더 오래된 문헌들 중에서는 발견되며, 그러한 책의 저자들은 불교 전통의 어떤 특징들을 과장하거나 하나의 문화권에서 또는 특정한 역사적 시기의 불교에 적용되었던 것이 불교의 다른 모든 측면들에도 적용된다고 주장하곤 하였다.

위에 언급한 장님 이야기가 우리에게 일러주는 첫째 교훈은 불교야말로 광대하고 복잡한 대상이라는 점이며, 따라서 우리는 어느 한 부분에 친숙하다는 점에 기초하여 제시된 일반적 이론들을 수용할 때에는 주의해야 할 것이다. 특히 "불교도들은 이러이러한 것들을 믿는다"거나 "불교는 이러이러한

것들을 가르친다"는 말로 시작되는 진술들은 신중하게 다루
어야 한다. 여기에서 우리는 **어떤** 불교도들이 언급되고 있고,
불교의 **어떤** 전통을 그들이 따르고 있으며, 그들은 **어떤** 학파
나 종파에 속하는지 등을 물음으로써 이러한 진술들이 큰 의
미를 가지게 되기 전에 그것들을 제한할 필요가 있다. 어떤 학
자들은 더 나아가 '불교'라는 이름으로 서구에 알려진, 문화를
초월하는(transcultural) 저 현상은 결코 하나의 개체가 아니며,
하위 전통들의 집합이라고 주장하기도 한다('불교'라는 용어는
기껏해야 1830년대에 서구의 용례로서 정착되었다). 그렇다면 우
리는 아마도 단수형인 '불교'보다는 복수형인 '불교들'에 대해
논해야 할 것이다. 그러나 이런 식으로 불교를 '해체'하는 경
향은 불교의 '본질을 캐려는', 다시 말해 불교를 어디에서건
동일한 하나의 단일한 체제로 간주하는 초기의 경향에 대한
반작용으로 보는 것이 아마도 가장 적절할 것이다. 여기에서
우리가 취할 수 있는 중도(中道)는 불교를 위의 이야기에 나
오는 코끼리와 유사한 것으로 생각하는 것이다. 곧 불교에는
다소 유사하지 않은 부분들이 미묘하게 결합되어 있지만, 그
것들이 부착된 중앙의 몸뚱이도 또한 있다고 보는 것이다.

우리가 위의 이야기에서 배울 수 있는 둘째 교훈은—이것
은 명시적으로 드러나지는 않지만, 그렇다고 해서 덜 중요한
것은 결코 아닌데—다양한 종류의 눈멂이 있다는 사실이다.

시각 지각과 관련된 여러 실험들은 우리가 눈으로 보는 것에 대하여 마음이 지대한 영향을 끼친다는 점을 밝혀냈다. 인간은 대부분 자신이 보기를 기대하거나 혹은 보고 싶은 것을 보고, 실재에 대한 나름의 모델에 들어맞지 않은 자료들은 걸러낸다. 서로 다른 문화권에서 아이들은 서로 다른 방식으로 보고 이해하도록 길러지는데, 이로 인해 이질적인 관습들이 종종 외부인들에게는 기묘하거나 이상하게 보이지만, 관련된 문화권의 구성원들에게는 너무나 자연스럽게 느껴지게 된다. 다른 문화들을 다룰 때 자신의 신념과 가치들을 투영한 채 원자료에서 그것들을 '발견'하기 십상이다. 따라서 불교는 우리가 그렇게 되기를 바라거나 혹은 두려워하는 바로 그것이 되고 말았다. 전문가들조차 시대착오적으로 자신들이 가정한 바를 그 자료 속에 '역으로 읽어들이는' 것으로부터 자유롭지 못하며, 많은 서구의 학자들은 불교 자체보다는 분명히 그들 자신의 개인적 신념과 가정교육에 더 의거하는 방식으로 불교를 해석해왔다.

　개인의 지각이 다양한 종류의 주관적 영향을 받아들이는 감수성과는 별개로, '타자'와 만날 때에는 문화를 판에 박은 방식으로 이해할 위험성 또한 도사리고 있다. 고(故) 에드워드 사이드(Edward Said, 1935-2003)와 같은 저술가들은 서구의 예술과 문학작품이 그곳에 실제로 있는 것을 정확하게 그려낸 것이기보다는 그것 자체의 그림자를 반영한 것에 가까운 '동방'을 만들어내려는 경향성이 있다는 점에 주목하게 하였다. 다른 문화권에 대한 연구를 진행할 경우 우리가 거의 자각하지 못하는, 우리 자신의 문화에 남아 있는 특정한 태도나 가정들의 영향을 받는다는 점을 깨닫기 위해서, 서구에서 정치적으로 동방을 식민지배하기 위한 평계로 그것을 판에 박은 방식으로 그렸다는 취지의, 사이드의 정교한 음모론을 받아들일 필요는 없다. 그렇다면 불교 연구와 관련하여 우리는 '문화적인 눈멂'의 위험, 그리고 서구의 범주와 개념들이 다른 문화와 문명들에도 자동적으로 적용된다는 가정으로부터 생기는 오해들에 대하여 주의해야 할 것이다.

불교는 종교인가?

방금 언급한 종류의 문제점들은 우리가 불교가 무엇인지 정의하려는 순간 우리에게 닥치게 된다. 불교는 종교인가? 철학인가? 삶의 방식인가? 도덕적 규범인가? 이 가운데 어느 한쪽으로 불교를 분류하기는 쉽지 않고, 그로 인한 난점들은 우리로 하여금 이러한 범주들 중 일부에 대해 재고하게끔 한다. 예컨대 우리가 '종교'라는 말로 설명하고자 하는 것은 무엇인가? 대다수 사람들은 종교는 신에 대한 믿음과 관련된다고 말

1. 일본 야마구치현 루리코지(瑠璃光寺) 사찰. 이 5층탑은 일본에서 비슷한 종류의
   탑들 중 가장 오래된 것 가운데 하나로서 15세기경에 세워진 것으로 추정되며, 높
   이가 31미터에 이른다.

할 것이다. 신은 다시 세계와 그 안에 사는 피조물들을 창조한 뛰어난 존재로 이해된다. 나아가 신은 성스러운 계약을 맺음으로써 인류의 역사 진행에 깊은 관심을 표하고 있고(적어도 지금까지는 그런 관심을 표해왔고), 자신의 의지를 여러 방식으로 알리고, 중요한 전기(轉機)에는 기적적으로 개입한다.

만약 이러한 의미의 신에 대한 믿음이 종교의 본질이라면, 불교는 종교가 될 수 없다. 불교는 그러한 믿음을 가지고 있지 않고, 반대로 창조주 신의 존재를 부인한다. 우리에게 주어진

신 없는 종교?

어떤 학자들은 불교도들이 지고(至高)의 존재나 개인적 영혼을 믿지 않기 때문에 불교가 종교라는 주장을 거부한다. 그런데 이러한 판단은 '종교'를 너무 협소하게 정의하는 데서 비롯되는 것일까? 니니안 스마트에 따르면 종교에는 다음과 같은 '일곱 가지 차원'이 있다.

1) 실천적이고 의례적인 차원, 2) 경험적이고 정서적인 차원, 3) 서사적이고 신화적인 차원, 4) 교리적이고 철학적인 차원, 5) 윤리적이고 법제적인 차원, 6) 사회적이고 제도적인 차원, 7) 물질적인 차원

만약 스마트가 옳다면, 불교를 종교로서 분류하는 것이 정당화될 수 있을 것으로 보인다.

서구의 범주들을 통해 본다면, 이런 점에서 불교는 '무신론'이 될 것이다. 그러나 이런 식으로 규정할 경우 불교에서 신과 정령 같은 초자연적 존재들이 있음을 인정한다는 점이 문제시된다. 또 한 가지 문제점은 불교는 마르크스주의 같은 무신론적 이념들과는 공통점이 그다지 없어 보인다는 점이다. 그렇다면 아마도 '유신론'과 '무신론' 같은 범주들은 여기에서 실제로는 적절하지 않은 것이다. 어떤 이들은 불교를 포괄하기 위해서는 '무신론적' 종교라는 새로운 범주가 필요하다고 제안하기도 했다. 또다른 가능성은 우리가 내렸던 처음의 정의가 단지 지나치게 협소하다고 보는 것이다. 창조주로서의 신에 대한 관념이 하나의 종교, 또는 일군의 종교에서는 주된 특징이지만, 모든 종교들을 정의하는 특징은 아니라고 할 수 있을까? 이 개념이 '아브라함의' 혹은 '셈족'의 종교들, 곧 유대교, 기독교, 이슬람교에서 중심적이라는 점은 분명하지만, 유교나 도교 등과 같이 많은 점에서 서구의 종교와 유사하지만 이런 요소는 결여된, 다른 믿음 체계도 있을 수 있다.

종교의 일곱 가지 차원

비교종교학이라는 학문 분과가 2차대전 이후 본격적으로 시작된 이래로 불교는 저마다의 연구 주제에 대해 만족할 만한 정의를 제시하고자 했던 학자들에게 풀기 힘든 문제를 안겨주었다. 이 난제에 대한 가장 성공적인 접근법 중 하나는 니니안 스마트(Ninian Smart, 1927-2001)에 의해 채택된 것으로서, 그는 정의를 제시하기보다는 종교 현상을 일곱 가지 주요 차원들로 분석하였다. 곧 종교는 1) 실천적이고 의례적인 차원, 2) 경험적이고 정서적인 차원, 3) 서사적(敍事的, narrative)이고 신화적인 차원, 4) 교리적이고 철학적인 차원, 5) 윤리적이고 법제적인 차원, 6) 사회적이고 제도적인 차원, 7) 물질적인 차원을 가진다고 말할 수 있다는 것이다. 이러한 방법의 장점은 종교를 어떤 단일한 교리나 믿음으로 환원하거나 모든 종교의 신자들이 하나의 공통점을 가진다고 암시하지 않는다는 점이다. 상이한 문화와 역사 시기로부터 추출한 자료들은 신자들이 일반적으로 그런 공통점을 가지고 있지 않음을 보여준다. 그럼에도 불구하고 우리가 '종교'라고 부르는 현상들에 집합적으로 실체성을 부여하는 것들의 집합이 존재한다. 이러한 일곱 가지 차원의 관점에서 불교는 어떠한 모습으로 나타날까? 그 차원들 하나하나를 통해 불교를 차례로 분석할 경우 우리는 코끼리의 한 부분보다는 일곱 부분을 통해 그것들을 붙잡는다는 점에서 저 눈먼 이들보다는 나은 위치에 서게 될 것이다.

실천적이고 의례적인 차원

불교에서는 유대교와 (그리스) 정교회 같은 성찬(聖餐)적 경향이 강한 신앙 양태들에서보다 실천적 또는 의례적인 차원이 덜 두드러지게 나타난다. 불교의 승려들은 (다른 종교들에서 정의된 바와 같은) 성직자로서의 역할을 수행하지 않는다―그들은 신과 인류 사이의 중재자가 아닌 것이다. 또한 그들이 계(戒)를 받는 것 자체는 그들에게 아무런 초자연적 힘이나 권위를 부여하지 않는다. 그럼에도 불구하고 불교에는 공적이면서도 사적인 속성을 지니는 의례와 의식이 또한 존재하며, 많은 의례와 의식들이 수행자의 삶을 둘러싸고 있다. 입문(入門)의 의례는 어떤 사람이 승려가 될 때 행해지며(예컨대 삭발을 하는 것), 매달 보름과 초하루 날에는 수행의 규율들(빠띠목카pāṭimokkha)을 함께 모여서 암송하는 것과 같은 정기적인 의식이 있는 것이다. 중요한 연례 의식으로는 까티나(kaṭhina) 축제가 있는데, 이때 재가(在家) 신자는 승려들이 우기(雨期) 동안의 안거(安居)를 끝낼 때에 승복 제작에 필요한 재료를 새로 제공한다. 지역의 사원은 그러한 살아 있는 공동체의 일부이며, 승려들은 그 지역사회의 사회복지, 경제, 정치에서 맡는 역할이 있다. 불교의 교리는 생애주기 동안에 행해지는 여타 의식들에 대해서 거리를 두고는 있지만, 실제로는 그러한 의식들이 종종 수용되어왔다. 따라서 사원이나 성소(聖所)에서 행해지는 가호(加護)의 의식들과 신앙은 불교권 전역에 걸쳐서 출산을 전후한 습속들의 일부가 된 것이다. 마찬가지로 승려에 의한 불교적 축원(祝願)은 알파벳을 처음 읽는 것으로부터 고등학교 또는 대학 졸업에 이르기까지의 전통적 생애주기와 근대적 생애주기 동안의 여러 의례들에 불교적 덧칠을 가하는 것일지도 모른다. 태국에서는 임시 출가가 사춘기 소년을 위한 의식으로서 기능하고 있으며, 결혼식 전에 정례적으로 승려들의 축원이 선행된다. 특히 최근에 다른 나라에서는 승려들과 불교적 상징들이 혼례에서 더욱 중요한 역할을 수행하게 되었다. 사회에서 열심히 활동하다 물러나는 경우에도 종종 그러하듯이, 만약 누군가가 은퇴와 동시에 승려가 되거나 8계 또는 10계를 받는 경우에는 그 은퇴식이 불교 의례의 중심이 되기도 한다.

상이한 불교 학파에 따라 의례문에는 폭넓은 변형이 가해졌는데, 지역적 전통의 영향과 (서양 사람들을 포함한) 재가 불교도들의 요구가 결합하여 다른 종교들에서 제공되는 것들에 필적하는 새로운 의식들이 발달하기에 이르렀다. 또한 그러한 영향은 역방향으로 작용하기도 해서, 일본에서 낙태 후에 행해지는 미즈코구요(水子供養)와 같은 불교 의례들은 서구의 의례문에 포함되기도 한다.

경험적이고 정서적인 차원

불교, 다시 말해 생생한 체험으로서의 불교가 지니는 경험적이고 정서적인 차원은 극히 중요하다. 붓다 개인의 깨달음의 경험은 불교 전통 전체의 기반이다. 붓다는 자신의 경험을 그의 교리들에 대한 권위로서 자주 언급했으며, 개인의 경험에 의해 입증되지 않은 가르침은 별로 가치가 없음을 시사했다. 붓다의 깨달음은 또한 그의 가르침, 곧 다르마(Dharma)를 전파하도록 그를 추동했던 깊은 자비심이라는 형태로 나타난 정서적인 측면을 포함한다. 인류의 고통에 대한 자비심에서 붓다는 "보고 이해하기 어려우며, 미묘하며, 현명한 이들에 의해서 경험된다"고 자각한 그 가르침을, "그것을 듣지 않음으로써 헛되이 시간을 보내고는 있지만 눈에 티끌이 거의 없는〔정안淨眼〕" 소수의 이익을 위해 전파하는 데 일생 대부분을 보냈다(M.i.168).

불교는 종교적 삶을 본질적으로 자기혁신(self-transformation)의 과정으로 간주하기 때문에 경험적 차원이 중요하다. 명상과 같은 영적인 훈련은 영적인 발전을 가속할 수 있는, 전환된 의식 상태를 만들어낸다. 흔히 기독교의 기도와 불교의 명상은 각기 다른 목적을 가지고 있지만, 그 중요성에서 명상은 기독교의 기도에 비할 수 있을 것이다. 여기서 '다른 목적'이란, 불교도들이 예컨대 명상을 할 때에 신과 교신하기를 구하지 않고 지혜와 자비를 닦고자 노력한다는 것을 말한다.

이처럼 종교적 수행의 내적 체험의 측면을 강조할 경우 불교는 요가와 같은 고대 인도의 신비적 전통과 연계된다. 요가에서는 자세와 호흡을 통제하는 것과 같은 다양한 훈련들이 육체와 정신을 제어하고 그 잠재된 힘을 활용하려는 취지에서 실행된다. 다음 장에서는 붓다 자신이 이러한 방법들 중 일부를 시험해보았음을 보게 될 것이다. 이러한 기법들은 인도에만 있는 특이한 것이 아니며, 세계의 다른 곳에서도 발견된다. 요즘은 기독교의 신비적 차원에 대한 관심이 다시 일어나고 있음을 감지할 수 있는데, 이는 적어도 부분적으로는 인도의 영성에 대한 동시대의 관심사에 의해 촉발되어 전개된 것이기도 하다.

서사적이고 신화적인 차원

다른 종교와 마찬가지로 불교에도 신화와 전설의 몫이 있다. 이 맥락에서 '신화(myth)'는 잘못된(false) 어떤 것을 의미하는 것이 아니라, 오히려 여러 층위에서 동시에 작용하는 능력을 통해 강렬한 힘을 가지는 이야기를 가리킨다. 신화는 서사적인 내용을 가지지만, 우화(parable)와 마찬가지로 여러 가지 방식으로 이해되고 해석될 수 있는 은유적(metaphorical)

내용도 가지고 있다. 예컨대 프로이트는 자기 아버지를 살해하고 어머니와 결혼한 오이디푸스의 신화가 인간의 성(性)과 무의식에 대한 중요하고도 보편적인 진리를 담고 있다고 보았다. 때로는 신화의 내용을 액면 그대로 받아들여야 할지 알기 어려운 경우도 있다. 기독교의 『성서』를 축자적 진리(literal truth)로 받아들이는 이들은 「창세기」의 창조 이야기를 세계가 어떻게 시작되었는지에 관한 사실적 기술로 읽는다. 또다른 이들은 「창세기」의 이야기가 신과 우주의 관계에 대한 심오한 진리를 보여준다는 점을 받아들이면서도 사건들에 대한 과학적 설명을 선호하기도 한다. 초기불교와 관련해서는 『악간냐 숫타Aggañña Sutta』에 그 나름의 '창조 신화'가 실려 있고, 붓다의 전생(前生)에 관한 도덕적인 이야기들의 모음인 『자따까Jātaka』 이야기와 같은 대중적인 서사들도 많이 있다. 그중에는 『이솝우화』와 다르지 않게 주인공이 동물인 경우도 있는데, 이야기의 마지막 대목에서 붓다는 전생에 자신이 바로 그 주인공이었음을 밝힌다.

초자연적인 것들을 포함하는 많은 드라마적 일화들은 불교 문학에 생동감을 더하였고, 여러 세기가 지나면서 그 이야기들은 더욱 과장되고 정교해졌다. 최초기의 자료에서도 신과 정령들이 자주 등장한다. 불교미술과 문학에서 그들은 주로 붓다의 생애의 중요한 사건에서 청중의 일부를 구성하는 것으로 묘사된다. 생생하게 묘사된 어떤 이야기에서는 붓다가 깨닫기 직전에 어떻게 해서 마라(Māra), 곧 악마와 싸워서 위대한 승리를 거두고 마군(魔軍)을 물리쳤는지가 그려져 있다. 또한 다양한 문화권에서 환상적인 요소들을 포함하면서도 불교의 역사를 서술하는 더욱 세속적인 이야기와 연대기들도 존재한다.

교리적이고 철학적인 차원

아시아의 불교도들은 자신의 종교를 기술하기 위해 '불교'라는 용어를 사용하지 않고 그것을 '다르마(Dharma, 법法)' 또는 '붓다사사나(Buddha-sāsana, 붓다의 가르침)'라고 일컫는다. 어떤 이들은 자신이 믿는 것에 대하여 '교리(doctrine)'라는 용어를 적용하는 데 불만을 표기하기도 하는데, 그들은 이 말이 서구의 종교와 연관된 함의를 지니는 것으로 보기 때문이다. 그러나 '교리'라는 말이 종교적 가르침을 정연하게 지적이고도 체계적으로 형식화한 것을 의미한다면, 그것을 불교에 적용하는 것이 불합리해 보이지는 않는다. 그 핵심적 교리들은 창시자에 의해 형식화된 '사성제(四聖諦)'라고 알려진, 서로 연결된 일련의 명제들에 포함되어 있다. 교리들을 연구하고 명료화하며 해설하는 것은 전형적으로 식자층, 교육받은 엘리트들의 책무이다. 불교에서는 교리를 기록한 서적들을 관리하고 해석하는 일이 승가(僧伽), 곧 승려 교단의 책무이다. 그러나 모든 승려들이 철학자인 것은 아니며, 불교 전통에는 그런 서적들을 공부하는 것보다 명상을 통해 얻어지는 종류의 신비적 체험이 해탈에 이르는 더 확실한 길이라고 느낀 이들이 존재했다. 그럼에도 불구하고 수 세기 이래로 불교는 엄청난 지적 에너지를 연구에 쏟았는데, 이는 아시아의 여러 언어들로 보존된 방대한 경전과 논서들을 통해서 알 수 있다. 가장 중요한 경전들 중 상당수가 현재 영어와 여타 유럽 언어로 나와 있긴 하지만, 지금까지 번역된 것은 그러한 문헌들 중 일부에 지나지 않는다.

윤리적이고 법제적인 차원

불교는 세계에서 가장 윤리적인 종교들 가운데 하나로 널리 존중받고 있다. 불교 윤리의 핵심에는 불해(不害, ahiṃsā)의 원칙이 있는데, 그것은 불교를 잘 알려지게 만든, 생명에 대한 존중이라는 형태로 표출된다. 불교의 가르침들은 사람이건 동물이건 모든 살아 있는 존재들을 존중할 것을 마음속에 심어주며, 생명을 의도적으로 파괴하는 것을 심대한 잘못으로 간주한다. 이러한 철학은 (모두에게 해당하지는 않지만) 많은 불교도들을 채식주의자가 되도록 하였고, 삶의 방식으로서 평화주의를 택하게 하였다. 불해의 원칙은 자비라는, 불교의 또다른 핵심적 덕목의 형태로 등장하여 적극적인 역할을 수행하는데, 고통을 덜어주고자 하는 이러한 관심은 불교를 믿는 재가자와 성직자들에게 병원, 호스피스, 학교, 자선 단체 등을 건립하도록 동기를 부여했던 것이다.

최초기의 경전들은 폭력을 강하게 비난하는데, 종교의 목적을 추구하기 위해, 예컨대 십자군이나 지하드의 형태로 무력을 사용하는 것은 대다수 불교도들에게 이해할 수 없는 일로 비친다. 그러나 이는 불교 관련 기록들이 완전무결하다는 말은 아니며, 8장에서 언급할 것처럼 아시아의 역사에는 불교를 정치적 목적을 위해 악용하거나 군사 활동을 정당화하기 위해 끌어들인 수많은 사례들이 있었다. 그러나 중세와 근세 유럽의 십자군과 종교 전쟁에 비길 만한 것은 불교에는 거의 없다. 1950년에 티베트의 불교도들은 자국이 중국의 침략을 받았지만 줄곧 평화적으로 저항하는 정책을 취했고, 그 이후 대략 100만 명의 티베트인들이 죽고 6천여 개의 사원들이 파괴되었다. 또한 2차대전 후 일본에서도 강력한 평화운동이 전개되었다.

이상의 다섯 가지 차원들은 모두 추상적인 성질을 가지고 있다. 마지막 두 가지는 사회적이고 물질적인 형태로 구체화된 것으로서의 종교와 관련된다.

사회적이고 제도적인 차원

알프레드 노스 화이트헤드(Alfred North Whitehead, 1861-
1947)는 종교를 "한 인간이 그의 고독을 가지고서 행한 어떤
것"으로 정의했지만, 종교에는 사적인 내면의 경험(현재 우리
의 개념 틀에서 '경험'이라는 말을 사용했는데, 이러한 정의는 경험
적 차원을 지나치게 강조하고 있음을 볼 수 있다) 그 이상의 무엇
이 있다. 중세의 '기독교도국(Christendom)' 개념에서 볼 수 있
듯이 종교의 신자들은 대개 자기 자신을 공동체의 부분으로
느끼며, 이것이 정치적이면서도 종교적인 의미를 가진다고
본다. 그러한 관점은 또한 종교법이 공적이고 사적인 삶의 모
든 영역을 틀어쥔다고 보는 이슬람 세계에서 분명하게 나타
난다.

불교의 사회적 측면에서 그 중핵을 이루는 것은 붓다에 의
해서 세워진 비구와 비구니의 교단(Saṅgha)이다. 그러나 불교
교단이 중심적인 사회적 기구이긴 하지만, 불교는 단지 비구
들만을 위한 종교는 아니다. 초기의 자료들이 제공하는 바에
따르면 불교는 사회학적으로 '네 겹의 교단'으로 분류할 수 있
는데, 그것은 비구, 비구니, 열렬한 남성 재가자(우바새優婆塞,

upāsaka) 및 여성 재가자(우바이優婆夷, upāsikā)로 구성되어 있다. 여기에는 젠더(gender)는 물론이고 재가자와 출가자의 재산을 존중하는 포용성과 상호 의존성이 강조되어 있다. 불교권에서는 대개 출가자와 재가자 사이에 엄격한 구분이 존재하지만, 이 둘 사이의 경계를 흐리거나 없애려는 시도도 있어 왔으며, 그러한 경향은 일본에서 가장 큰 성공을 거두었다.

종교의 사회적 조직은 개별적 스승에 의해 지도받는 소규모 그룹으로부터 수백만 명의 신자들을 거느리는 위계질서를 갖춘 대규모의 기구에 이르기까지 여러 형태를 띨 수 있다. 불교에는 다양한 조합이 발견된다. 붓다는 원래 자신의 개인적 카리스마를 통해 제자들을 끌어모은 유행자(遊行者)로서의 스승이었는데, 그들의 수가 증가하자 그 제도적 기반구조가 계율과 규칙을 갖춘 출가자 공동체라는 형태로 발달했다. 그러나 붓다는 그 자신을 이러한 공동체의 지도자로 여기지는 않는다고 말하였고, 그가 죽을 때에도 후계자를 지명하기를 거절했다. 대신에 그는 그를 따르는 이들에게 그의 가르침(Dharma)과 출가자의 계율에 따라 살고 "자기 자신에게 등불(또는 섬)이 되라"(D.ii.100)고 격려하였다. 오늘날 다른 국가들은 그 성직자들의 위계적 권위를 가지고 있지만, 불교는 결코 하나의 수장(首長)을 두지 않았고 로마 가톨릭의 교황에 대응되는 중심 기구도 두지 않았다. 중앙의 권위가 부재하였기

불교의 종파와 학파들

수 세기에 걸쳐서 불교의 많은 종파와 학파들이 발달했다. 크게
구분하자면 스리랑카, 미얀마, 태국 등의 국가에서 보이는 남아시
아의 보수적인 불교와 티베트, 중앙아시아, 중국, 일본에서 마주
치게 되는, 교리상 더 혁신적인 북부의 학파들로 나눌 수 있다. 남
아시아에서는 상좌부(上座部, Theravāda)가 주도하고 있고, 그 이름
은 보통 '장자들(Elders)의 교리'로 번역된다. 이 학파는 붓다 자신
의 시대로까지 거슬러올라가는 정통의 초기 가르침의 수호자를
자처한다. 북아시아의 학파들은 '큰 수레'를 의미하는 대승(大乘,
Mahāyāna)으로 알려진 (종교) 운동에 해당한다. 무슬림이 자신을
수니 또는 시아파로 간주하거나, 서구 기독교인들이 자신을 신교
도와 구교도 중 어느 한쪽으로 생각하는 식으로, 개개의 불교도들
은 이 두 '가족' 중 어느 하나에 속하는 것으로 자신들의 정체성을
밝힐 것이다.

에 불교는 교리와 수행의 문제에서 불일치가 빚어지면 곧잘
균열이 생기는 경향이 있어왔다. 불교의 연대기는 붓다 사후
200년 동안 18개의 종파가 존재했음을 말하고 있고, 그 뒤 훨
씬 많은 종파들이 생겨났다.

　사회 조직의 측면에서 붓다는 그 자신의 사람들 사이에서
운용되고 있던 일종의 공화정 모델을 선호했던 것으로 보인
다. 그는 승려들에게 "완전하고 잦은 회합"(D.ii.76)을 열어서
동의에 의해 결정을 짓도록 권하였다. 불교의 사회적 기구들

은 문화권마다 다르며, 불교와 접촉한 고유의 문화 전통들에 적응하는 데 뛰어난 유연성을 보여왔다. 불교가 서구로 전파되면서 불교 공동체는 그들의 필요성에 적합한 사회 구조를 개발하고 있으므로 민주적 형태의 사회 기구가 전개될 것으로 기대할 수 있다.

물질적인 차원

일곱째이자 마지막 차원은 대체로 사회적인 차원으로부터 파생된 것이다. 물질적인 차원에는 한 종교의 영적(靈的) 존재가 그 내부에 화현(化現)한 대상들인 교회, 사원, 예술작품, 조각상, 성지(聖地), 그리고 순례지 같은 성소(聖所) 등이 포함된다. 인도에서는 붓다의 삶과 연계된 다양한 장소들이 순례의 주요 거점이 되어왔는데, 예컨대 그가 태어나고, 깨달음을 얻고, 처음으로 가르침을 베푼 동산 등이 그것이다. 아시아의 다른 장소에는 고고학적으로, 역사적으로, 그리고 전설적으로 중요성을 갖는 수많은 불교 관련 유적들이 있다. 여기에는 스리랑카의 폴룬나루와(Polunnaruwa), 아프가니스탄의 바미얀, 중국의 윈강(雲崗)과 같이 거대한 바위에 새긴 조각물들이 포함된다. 그러나 아시아에서 불교가 존재했음을 알려주는 가장 대표적인 것으로는 도처에 있는 스뚜빠(stūpa), 곧 동

물질문화

불교는 이 장에서 기술한 여섯 가지 차원 모두를 통해서 연구될 수 있겠지만, 초기의 서구 학자들은 서적에 전적으로 의존하여 그 정보를 얻고자 했으며, 다른 차원들보다 교리적인 차원을 강조하는 경향이 있었다. 현대에 이르기까지 특히 물질적인 차원은 대체로 무시되었고, 이는 불교가 구체적인 형태와 맥락으로부터 분리되어 있다는 인상을 주었다. 학자들은 이러한 접근법이 경전들을 '참된 종교'의 중심으로서 강조하는 개신교적 영향을 받았다고 지적하였는데, 이러한 경향은 종교적 대상물과 대중의 신앙 행태의 가치를 무시하는 결과를 가져왔다. 비록 문헌 연구가 여전히 중시되고 있지만, 불교를 연구하는 학자들은 오늘날 점차 물질적 대상들과 그것들이 종교 실천에서 수행한 역할에 주의를 기울이고 있다. 이러한 대상들에는 조각, 동전, 성상(聖像), 상징, 의례 도구, 염주, 부적, 사원, 유골함, 법복, 수계증(受戒證), 승적(僧籍), 보시(布施, 기부)에 대한 증서와 기증받은 유산에 대한 감사의 글 같은 사원의 기록들이 포함된다. 이러한 대상들과 물품들은 종교적 삶에 편재하며, 불교의 정체성을 형성하는 데 중요한 역할을 맡는다. 또한 그것들은 종종 불교도들이 실제로 수행하고 믿은 것과 관련하여 경전 속에 간직된 이야기들보다 더 많은 것을 우리에게 전해준다.

아시아 건축 양식의 영향을 받아 이후 첨탑(pagoda)의 형태로 전개된 반구형(dome) 건축물을 들 수 있다. 불교에서 대단히 중요한 또하나의 인공적 유산으로는 서적이 있다. 붓다의 가르침을 포함하고 그의 지혜를 구체화하고 있기 때문에 사람들은 극도의 존경심을 가지고서 이러한 종교적 경전들을 대해왔다. 서적들을 베껴 쓰고, 독송하고, 외우는 일은 그것들을 다른 언어로 번역하는 일만큼이나 경건한 활동으로 여겨졌던 것이다.

요약

이상에서 우리는 종교라는 것이 단순한 사전적 정의로는 제대로 밝혀낼 수 없는, 특히 서구의 종교적 경험으로부터는 그 본질이 확연히 추출되지 않는 복합적 현상임을 보았다. 그러나 우리가 종교를 다양한 차원들을 가지는 하나의 유기체로 생각하게 되면, 불교가 그 독특하고 이채로운 특징들을 가지고 있음에도 불구하고 어떻게 해서 세계종교의 가족에 합류할 수 있는지를 파악하기가 더 용이해진다. 원래의 질문으로 돌아가자면, 우리는 또한 왜 불교를 단지 철학, 삶의 방식, 윤리 규범으로 정의하는 것이 부적절한지를 볼 수 있다. 불교는 이런 모든 것들을 포함하며, 때로는 이런 양상들 중 어느 하나로서 두드러지게 나타나기도 한다. 그러나 이는 불교를 보는 관점이 무엇인지, 그리고 그것의 여러 가지 차원들 중 어떤 것들이 무시되는지에 주로 달려 있다. 만약 누군가가 불교를 종교적 미신이 전혀 없는 이성적 철학으로 보고자 한다면, 교리적이고 철학적인 차원에 초점을 맞춤으로써 불교를 그런 식으로 이해할 수 있을 것이다. 만약 다른 누군가가 불교를 본질적으로 신비체험을 위한 탐색으로 보고자 한다면, 경험적인 차원을 중심적인 것으로 만듦으로써 그것 또한 가능하게 된다. 마지막으로 불교를 인간주의적인 도덕 가치들의 집합으로 보고자 하는 사람이 있다면, 그는 또한 윤리적이고 법제적인 차원을 주된 것으로 만듦으로써 자신의 관점이 정당화됨을 볼 수 있을 것이다.

　나는 불교에 대한 이런 특정 해석들을 언급하였는데, 무엇보다도 그것들이 지난 세기 동안 서구인들에게 인기 있는 것으로 판명되었기 때문이다. 전적으로 부당한 것은 아니지만, 그러한 해석들은 불완전함을 면치 못하며, 서구에서 종교의 결함으로 지각된 것들에 대한 일종의 반작용을 전형적으로 나타내고 있다. 그러나 이런 식으로 불교의 여러 가지 차원들 중 단 하나에만 초점을 맞추는 것은 코끼리의 한 부분에만 매달리는 장님과 똑같은 실수를 저지르는 셈이다.

　"불교는 종교이다"라고 결론을 내린 이상, 우리가 다음 장에서 해야 할 일은 그것의 여러 가지 차원들 중 몇 가지를 좀 더 자세히 탐색하는 것이다. 다른 차원들에 대해서도 적절한 시점에 언급하겠지만, 이 책에서 무엇보다 주목하려는 것은 교리적·경험적·윤리적인 차원들이다. 그러나 먼저 우리는 불교의 창시자인 고따마 싯닷타(Gotama Siddhattha)의 삶에 대해서 무언가를 배워야 할 것이다.

제 2 장

붓다

붓다는 오늘날 네팔의 국경 바로 아래쪽에 있는 히말라야 산맥 기슭 부근의 저지(低地)인 떼라이(Terai)에서 태어났다. 그의 종족은 사꺄(Sakyas, 석가釋迦)로 알려져 있으며, 이 때문에 붓다는 종종 사꺄무니(Sakyamuni, 석가모니釋迦牟尼) 또는 석가족의 성자라고 불린다. 그의 신자들에게 그는 바가와뜨(Bhagavat, 거룩한 자), 곧 세존(世尊)으로 알려져 있다. '붓다'는 인명(人名)이 아니며 '깨달은 사람'을 뜻하는 존칭이다. 엄격히 말해서 그러한 칭호는 다만 깨달음을 얻은 이후의 어떤 사람에 대하여 쓸 수 있지만, 나는 여기에서 그의 삶의 이전 시기를 아울러 가리키기 위해서 '붓다'라는 말을 쓸 것이다. 붓다의 원래 이름은 위에서 언급한 것처럼 고따마 싯닷타(산스끄리뜨 Gautama Siddhārtha)였다.

붓다의 생애에 대한 관례적인 연대는 기원전 566~486년이지만, 최근의 연구는 기원전 410년경이 그의 사망과 관련하여 더 그럴듯한 연도라고 지적한다(이 시기의 연대기는 10년 이내에서 정확할 뿐이다). 석가족 사람들 사이에도 카스트 제도가 통용되었는지에 대해서는 아무런 증거도 없지만, 전해지는 자료들은 붓다와 그의 종족들이 인도의 네 카스트 중 둘째, 곧 캇띠야(khattiya, 산스끄리뜨 kṣatriya)로 알려진 귀족 무사 계급에 속했음을 시사한다.

붓다의 아버지인 숫도다나(Suddhodana)의 귀족적 지위, 그리고 그가 거처한 궁궐의 화려함과 거기에서 행해지는 의식에 대한 언급들은 특히 후대의 문헌에서 보이는데, 아마도 과장되었을 가능성이 높다. 그럼에도 불구하고 붓다의 성스러운 출생과 높은 지위는 불교 미술과 문학에서 흔히 보이는 주제이며, 비록 그 자료들에 근거하여 믿을 만큼 그의 신분이 그렇게 높은 것은 아닐지라도, 그의 귀족적인 배경은 편력하는 스승으로서 그가 방문했던 인도 북동부의 여러 궁정에 우호적 인상을 남기는 데 확실히 기여했을 것이다.

빨리어 경전에는 붓다의 삶에 대한 약간의 정보가 보존되어 있지만, 그가 죽고 나서 약 500년이 흐르기까지 그 세부 사항들을 연속된 서사로 엮어내려는 시도는 이루어지지는 않왔다. 그전에는 그가 서거(逝去)하고 나서 200여 년 동안 그의 삶에 대한 부분적 기록들이 등장하기 시작했는데, 이는 이 주목할 만한 인간의 삶에 대한 호기심이 증대되었음을 보여주는 것이다. 붓다의 삶에 대한 가장 유명하고 유려한 기록은 「붓다짜리따Buddhacarita」 또는 「붓다의 행적」이라고 알려진 서사시인데, 이 책은 저명한 불교문학가인 아슈와고샤(Aśvaghoṣa)에 의해 기원후 1세기경에 쓰인 것이다. 이 시기에는 초기의 파편적인 전기 자료들이 상상 속에서나 그려질 법한 세부 사항들로 윤색(潤色)되었고, 그로 인해 전설과 사실을 분리해내기가 어렵게 되었다. 붓다의 삶에 대한 이런 서사적 설명들은 붓다의 상(像)을 만들어내는 예술적 영감을 불러일으켰지만, 그러한 불상들은 기원후 2세기가 되어서야 발견된다. 그 이전까지는 붓다가 예술작품에서 나무, 바퀴, 양산 등의 형태로 나타나는데, 이는 그에 대한 존경심에서 비롯되었거나 또는 그가 성취한 초월적 상태를 미학적으로 표현하기가 어려웠기 때문이다. 하지만 예술가들은 점차 돌이나 다른 매체에 붓다의 형상을 표현하기 시작했고, 이것들은 대중 신앙의 초점이 되었다.

초기 경전들

붓다의 가르침들은 '정전(正典, canon)'이라고 알려진 다양한 경전 모음들 속에 기록되어 있다. 이것들은 붓다의 시대로까지 거슬러올라가며, 또한 공동으로 암송하는, 곧 합송(合誦)의 방법을 통해 보존된 구두(口頭) 전승으로부터 기원한다. 이러한 초기 정전들 중에서 손상되지 않은 채 보존된 유일한 것이 빨리어 정전인데, 이는 그것이 산스끄리뜨와 관련된 토착어로서 붓다가 사용한 언어에 가까운 빨리어로 쓰여 있기 때문에 그렇게 불리는 것이다. 빨리어 정전은 스리랑카에서 기원전 1세기 중엽에 문자화되었으며, 세 가지의 구분 또는 바구니, 곧 장(藏, piṭaka)으로 구성되어 있다. 삼장(三藏)이란 1) 붓다의 말씀 또는 설법(說法)들을 모은 것으로서, '니까야(nikāya)'로 알려진 5부(部)로 세분되는 경장(經藏, Sutta Piṭaka), 2) 승려들의 규율을 포함하는 율장(律藏, Vinaya piṭaka), 그리고 3) 약간 후기의 학문적 저작들의 모음인 논장(論藏, Abhidhamma Piṭaka)을 말한다. 종종 각각의 종교가 자체의 단일한 성전(聖典)을 가지고 있다고 여겨지지만, 불교의 경우에는 그러하지 않다. 빨리어 정전은 테라와다 종파에서만 권위를 가지는 것이며, 다른 종파들은 다른 언어로 된, 종종 그 내용상 상당히 차이가 나는 그들 자신의 정전들을 편찬하였다.

붓다의 삶

최초기의 자료들에서 보이는 붓다의 삶에 대한 정보들은 파편적이다. 때로는 한 주제에 대해 가르치면서, 붓다는 그의 전생의 일화를 떠올리며 이야기를 계속 진행하기도 한다. 이러한 전기적 단편들 중 일부는 상세하지만 그 밖의 것들은 모호하며, 그 일화들을 연대순으로 정리한 것이 항상 명료하지만은 않다. 이런 이유들로 인해 현존하는 자료들에 기초하여 붓다의 전기를 엮어내기란 쉬운 일이 아니다. 더욱이 '전기'라는 개념은 비교적 최근에 서구에서 만들어진 것으로서, 고대 인도에는 문학적 장르로서 전기라는 것이 존재하지 않았다. 예수와 같은 초기 종교인들의 전기를 엮으려는 시도 또한 유사한 어려움에 봉착하며, '역사적 붓다'를 추구하려는 노력이 모종의 더 큰 성공을 거둘 것 같지도 않다. 문제를 더 어렵게 만드는 것은, 불교도들이 환생을 믿기 때문에 붓다에 대한 완전한 전기는 그의 전생까지도 포괄해야 한다는 점이다! 비록 붓다의 삶에 대한 연속성을 지닌 초기의 이야기가 없긴 하지만, 그의 생애의 어떤 핵심적인 에피소드들 간의 상대적 선후 관계에 관해서는 대체로 일치한다. 요컨대 사실(事實, fact)로 간주되는 것들은 다음과 같다. 그는 16세에 야쇼다라(Yaśodarā)와 결혼했고, 그녀는 라훌라(Rāhula, '구속'이라는 뜻)라는 이름의 아들을 낳았다. 그 아들이 태어나고 얼마 안 지나서 붓다는 29세에 집을 떠나 종교적 앎을 추구했고, 35세에 깨달음을 얻었다. 그 뒤 그는 45년간의 삶을 종교적 가르침을 전파하는 데 바쳤고, 80세에 죽었다. 불교도들은 전통적으로 붓다의 생애의 핵심적 사건들 몇 가지에 대하여 가장 중요한 것으로서 초점을 맞추었고, 문학이나 신화, 의례, 그리고 그 사건들이 이루어진 장소에 대한 순례와 같은 다양한 방식으로 그것들을 기념해왔다. 그중 가장 중요한 사건들은 그의 출생, 깨달음, 첫 설법, 그리고 열반이다.

붓다의 출생

붓다의 출생은 예수의 출생과 마찬가지로 기적적인 사건들로 둘러싸여 있었다고들 말한다. 후기의 문헌들은 붓다의 어머니인 마야(Māyā) 부인이 하얀 아기 코끼리가 그녀의 옆구리로 들어서는 꿈을 꾸었을 때 어떻게 해서 붓다가 잉태되었는지를 기술하고 있다(아래의 도판 참조). 그 꿈은 그녀가, 위대한 황제[전륜성왕轉輪聖王, cakkavatti]가 되거나 혹은 위대한 종교적 스승이 될 사내아이를 임신하게 됨을 뜻하는 것으로 해석되었다. 당시 관습에 따라 출산이 임박해지자, 마야 부인은 사꺄국의 도성인 까삘라밧투(Kapilavatthu)로부터 여행을 떠나 그녀의 친척들이 사는 고향으로 가서 출산하게 되었다. 왕비와 수행원들이 룸비니(Lumbinī)의 안락한 동산에 이르자 그녀는 분만을 시작하였고, 살(Sal, 사라沙羅 나무) 줄기를 붙잡고 선 채 아이를 낳았다. 이때 하늘의 신들이 와서 이 위대한 사건을 보고 경탄했다고 하는데, 붓다의 출생이 즐겁고 또한 중요한 일이었기 때문이다. 대지가 흔들렸고 신들은 아이를 땅에 내려놓았으며, 이때 기적적으로 물이 쏟아져 내려서 아이를 씻겼다. 이 아이는 곧바로 일어서서 일곱 걸음을 걷고는 지금이 자신이 태어난 마지막 시기가 될 것이라고 선언하였다. 이 아이는 고따마 싯닷타로 이름 지어졌다. '싯닷타'란 '목적을 성취한 자'라는 뜻이며, '고따마'는 고대 인도의 성자의 이름으로부터 유래하는 종족의 이름이다. 붓다를 낳은 지 7일 만에 그의 어머니는 사망하였고, 이 아이는 어머니의 여동생이자 나중에 숫도다나의 두번째 부인이 된 빠자빠띠(Pajāpatī)에 의해 양육되었다.

빨리어 정전에는 붓다의 어린 시절에 관한 자세한 내용이 거의 없지만, 그가 인도의 한 해 동안 (겨울, 여름, 그리고 봄 및 가을이라는) 세 계절을 각각 보내도록 아버지가 지어준 세 궁전〔삼시전三時殿〕 안에서 호화로운 삶을 살았다는 인상을 준다. 이 젊은이는 좋은 의복을 입었고, 향수를 뿌렸으며, 악사들과 그가 필요로 하는 모든 것을 도와주는 시종들에 둘러싸여 있었다. 비록 이러한 조건들이 전형적인 '탕아(蕩兒)'를 낳지 않았을까 생각할 수도 있겠지만, 붓다의 타고난 성정(性情)은 그것으로 인해 별로 손상되지 않은 것으로 보이며, 그는 날카로운 지성과 잠재된 영적 능력을 지닌 조숙하면서도 사려깊은 아이로 그려져 있다.

2. 붓다의 수태(受胎). 붓다의 어머니 마야 부인은 미래의 붓다가 지극한 상서로움을
   상징하는 하얀 아기 코끼리의 형태로 그녀의 옆구리로 들어서는 꿈을 꾼다. 티베
   트 탕까(thangka, 탱화)의 세부.

네 가지 징조

궁중 생활은 비록 안락했지만 붓다의 마음을 충족시키지 못하였고, 그는 좀더 깊고 정신적으로 충만감을 주는 삶의 방식을 추구하게 되었다. 후대의 전설은 이러한 그의 불만족을, 붓다가 마차를 타고서 궁전 밖으로 네 차례 여행을 떠난 이야기를 통해 보여주고 있다. 그를 과잉보호했던 아버지는 아들이 출가하여 마야 부인의 꿈에 예시된 것과 같은 종교 지도자로서의 운명을 실현할 것을 줄곧 두려워한 나머지 싯닷타가 불쾌한 광경을 목격하고는 결코 고통스러워하지 않도록, 건강하고 미소 짓는 사람들로 길거리를 가득 채우게 했다. 나이 들고 허약한 사람들은 모조리 길에서 쫓겨났지만, 우연히 — 혹은 후대의 자료들에 언급된 것처럼 신의 개입에 의해서 — 붓다는 한 늙은이를 만나게 되었다. 그는 노인을 보고서 소스라치게 놀라 마부에게 즉시 궁전으로 돌아가도록 명하였고, 궁전에서 그는 늙는다는 것이 무엇인가에 대하여 숙고하였다. 둘째 여행에서 그는 병든 이를, 셋째 여행에서는 시체가 화장터로 옮겨지는 것을 마주쳤다. 이러한 경험들은 그에게 무엇보다도 인간 존재가 부질없다는 인상을 주었고, 그는 궁전의 담벼락조차도 고통을 저지할 수 없다는 것을 깨달았다. 바깥으로 떠난 넷째 여행에서 붓다는 종교적 방랑자(사문沙門, samaṇa)를 만나 인간 조건의 문제들에 관한 정신적 해결책을 그 스스로 추구하리라는 생각으로 부풀게 되었다. 바로 그 날 밤 그는 궁전을 떠나기로 결심하고, 잠들어 있는 아내와 아이를 마지막으로 보고서는 출가 수행자가 되고자 떠났다.

이 단순하면서도 가슴 저미는 이야기는 문자 그대로의 의미에서 사실일 것 같지는 않다. 붓다가 이 이야기에서 그려진 것처럼 순진해빠졌다거나 또는 궁중 생활에 대한 환멸이 아주 급작스럽게 일었으리라고 믿기는 어렵다. 이 이야기는 궁중 생활을 통해 만족과 자기기만을, 네 가지 징조를 본 것을 통해 인간 삶의 본성에 대한 깨달음이 시작됨을 나타내는 하나의 우화라고 읽는 것이 더 유용할지 모른다. 붓다가 오늘날 살아 있다면 그는 이 네 가지 징조를 도처에서 보게 될 것이다. 모든 나이든 사람, 모든 병원, 모든 장례식이 인생의 짧고 덧없음을 말해주는 한편, 모든 교회와 사제들은 이런 문제들에 대한 종교적 해결책을 제시할 수 있다는 믿음을 입증하고 있는 셈이다. 이 우화는 비록 그러한 징조들이 도처에 있지만, 대다수 사람들은 젊은 붓다와 마찬가지로 유쾌하지 않은 실재들을 차단하고자 정신적 장벽(궁전의 담벼락)을 세웠음을 암시하는 것처럼 보인다. 그렇게 하더라도 때때로 인생에서 바라지 않았던 사실들이 우리에게 질병이나 친지를 잃는 일과 같이 무시할 수 없는 방식으로 닥쳐오는데, 이는 마치 붓다가 마차를 타고 가다가 그것들과 맞닥뜨린 것과 같다.

출가와 고행

이처럼 만족감이 흔들리자, 붓다는 가정생활을 등지고 영
적인 앎을 추구하려는 극단적인 결심을 하게 되었다. 이러한
결심이 인도에 선례가 없는 것은 아니었으며, 사문 운동, 곧
집 없는 종교적 방랑자들의 반(反)문화는 이미 붓다 당시에
확고히 뿌리를 내린 것이었다. 많은 사람들이 세상을 등지고
자 비슷한 선택을 하였고, 붓다는 이러한 떠돌이 진리 추구자
와 철학자 무리 중 또 한 사람의 신참이 되었을 뿐이다.

붓다의 첫 스승은 알라라 깔라마(Āḷāra Kālāma)라는 이름을
가진 사람이었는데, 그는 붓다에게 심오한 무아지경의 상태
에 드는 명상 기법을 가르쳐주었다. 붓다는 훌륭한 학생이었
고, 곧바로 '아무것도 없는 경지(무소유처無所有處)'라고 알려
진 집중의 상태에 들어가 머무르는 능력을 통달하게 되었다.
붓다가 이런 기법을 너무나도 빨리 그리고 철저히 배우자, 알
라라는 그에게 그 무리의 우두머리에 합류할 것을 제안하였
다. 붓다는 비록 그 체험이 고요하고 축복받은 것이긴 했지만,
그것이 그가 찾았던 영원한 해결책은 아니었기에 그 제안을
거절하였다. 결국 그 상태를 벗어나면 태어나고, 병들고, 늙고,
죽는 근본적인 문제들이 여전히 해결되지 않은 채로 남아 있
는, 일상적인 깨어 있는 의식으로 되돌아오고 말았던 것이다.

붓다는 계속해서 자신의 길을 추구해갔고 웃다까 라마뿟

따(Uddaka Rāmaputta)라는 이름의 또다른 스승 아래에서 배웠다. 웃다까는 수행자로 하여금 '생각도 생각 아닌 것도 아닌 경지[비상비비상처非想非非想處]', 곧 의식 자체가 거의 사라진 것 같은 훨씬 고양된 마음의 상태에 들도록 해주는, 좀더 정교한 명상 기법을 붓다에게 가르쳐주었다. 웃다까는 그의 학생에게 강한 인상을 받아 붓다의 제자가 되겠노라고 제안했지만, 붓다는 의식의 신비한 상태를 얻는 능력이란 그것이 지속되는 한 훌륭하고 가치 있지만 자신이 찾았던 목표는 아니라고 느끼고서 거절하였다.

이와 같이 명상이라는 것을 시험해본 뒤, 붓다는 다른 종류의 기법들로 관심을 돌렸다. 그것들은 극심한 고행을 포함하는 기법으로서, 그 목적은 식욕과 열정을 가라앉히는 것이었다. 먼저 붓다는 호흡을 조절하는 연습을 했는데, 거기에는 점점 더 오랫동안 숨을 참는 것이 포함되어 있었다. 그러나 이모든 것은 영적인 앎을 가져다주기는커녕 고통스러운 두통만 야기하였다. 이러한 기법을 버리고서 붓다는 음식 섭취를 극소량으로 줄이는, 곧 겨우 하루에 콩죽 한 숟갈을 먹는 정도의 둘째 방법을 시도하였다. 머지않아 그는 깡마르게 되었고, 똑바로 앉을 수가 없었으며, 머리카락이 빠지기 시작했다. 이처럼 자기를 괴롭히는 형태의 수행으로는 원하는 결과를 얻을 수 없다는 것이 분명해지자, 붓다는 그것을 버리고 말았다.

그러나 그러한 노력들이 전적으로 시간낭비인 것만은 아니었
다. 왜냐하면 그의 경험은 이제 그에게 어떠한 종류의 극단적
인 것들도 무용하다는 것을 일러주었기 때문이다. 자신에게
탐닉하던 이전의 삶은 그의 6년 동안의 금욕적인 고행만큼이
나 그에게 만족을 주지 못했던 것이다. 그는 가장 유용한 길이
이런 종류의 극단들 사이의 '중도(中道)'이며, 가장 적절한 삶
의 방식은 여러 가지 취향들을 완전히 거부하지도 않고 거기
에 극단적으로 탐닉하지도 않는 절제된 삶이라는 것을 알게
되었다.

깨달음

이러한 원리에 입각하여 붓다는 다시 음식 섭취를 시작하
였고, 명상 수행으로 돌아왔다. 그는 이제 목표를 향해 빠르게
나아갔고, 어느 날 밤 훗날 보리수(ficus religiosus)라고 알려지
게 된 큰 나무 아래에 앉아서 그가 추구했던 깨달음이라는 완
전한 상태를 얻게 되었다. 경전에 따르면 붓다는 그날의 초야
(初夜)에 그의 전생의 모습들을 되돌아보는 힘〔숙명통宿命通〕
을 얻었으며, 그것들의 완전한 세부 내용까지도 기억해내었
다. 중야(中夜)에 그는 우주의 모든 유형의 존재들이 그들의
선업과 악업에 따라 죽고 다시 태어나는 것을 볼 수 있게 해주

는 천안통(天眼通)을 얻었다. 후야(後夜)에는 자신의 정신적 번뇌들이 제거되었고, 자신이 갈애(渴愛)와 무명(無明)을 영원히 뿌리 뽑았다는 앎〔누진지漏盡智〕을 얻게 되었다. 그는 '해야 할 일을 완수한' 것이다─곧 그는 열반을 증득하고 윤회를 끝내었으니, 그가 태어났을 때 들은 예언 그대로였던 것이다.

붓다가 깨달음을 얻은 장소는 보드가야(Bodh Gayā)로 알려졌으며, 붓다는 그곳에서 7주 동안 자신의 미래에 대해 숙고하면서 머물렀다. 그는 종교 지도자가 될지에 대해서 생각했지만, 자신이 얻은 심오한 깨달음을 전달하기가 어렵다는 점때문에 단념하고 말았다. 한동안 그는 홀로 은둔하는 삶을 사는 데에 마음이 끌렸지만, 여러 신들 중 한 명의 간청에 따라 자비심을 일으켜 자신의 가르침들, 곧 다르마(Dharma, 빨리어 Dhamma)를 세상에 선포하기로 결심하였다(불교에는 기독교의 천사들과 어느 면에서는 유사한 여러 신들로 가득한 신전이 있다). 신이(神異)한 정신적 힘을 통해 과거의 두 스승들이 죽었음을 알고서 붓다는 갠지스강 기슭의 바라나시(베나레스)로 향했는데, 거기에서 그는 고행의 길을 버렸을 때 그를 등졌던 다섯 명의 도반들의 무리를 찾게 되리라는 걸 알고 있었던 것이다.

3. 붓다, 깨달음을 얻다. 여기에서 붓다는 깨달음을 얻은 직후 가부좌(跏趺坐＝蓮華坐)를 취한 것으로 그려져 있다. 그는 오른손으로 땅을 만짐으로써 땅으로 하여금 자신의 깨달음에 대한 증인이 되어줄 것을 요청하고 있다. 기원후 11~12세기 서부 티베트.

첫 법문과 가르침의 여정

붓다가 바라나시 인근에 있는 왕실 사슴을 위한 동산〔녹야원鹿野園〕에 도착하자 과거의 동료들은 처음에는 조금 망설였지만 이내 그에게 일어난 변화를 알아차리고 그를 환영하였다. 붓다는 자신이 '여래(如來, Tathāgata, '참으로 그러한 바를 성취한 자'라는 뜻)'라고 선언하고 첫 법문을 베풀었는데, 이는 불교의 역사에서 중요한 사건이 되었다. 이 첫 법문은 『초전법륜경初轉法輪經』('법의 바퀴를 굴림'이라는 뜻의 경전)이라는 이름의 말씀(sutta)으로 보존되어 있다. 여기에는 사성제(四聖諦)로 알려진, 전형적인 문구로 제시된 불교의 근본적 가르침들이 포함되어 있는데, 더 자세한 내용은 4장에서 논의할 것이다. 경전 제목에 포함된 '바퀴'는 불교에서 중요한 상징이며, 종종 다르마를 나타내기 위해 사용된다. 첫 법문은 법 바퀴, 불교가 아시아로 확산되면서 쉼 없이 굴러가게 되는 그 바퀴에 처음으로 추동력을 준 사건이다.

첫 가르침을 듣자마자 청중 가운데 한 명은 곧바로 진리를 파악하고 '흐름에 들어간 자', 곧 예류(預流)가 되었는데, 예류는 영적 이해에서의 예비적 단계를 성취한 이를 말한다. 붓다가 자신의 가르침에 대하여 좀더 설명하자 나머지 네 출가자들 또한 이 상태를 성취하였다. 다섯 명 모두는 그의 제자가 되었고, 소박한 의식을 통해 승려, 곧 비구(bhikkhu)로서 계를 받았다. 붓다의 둘째 법문을 듣고서 다섯 명은 완전한 깨달음을 얻었다. 그들, 그리고 그들과 유사한 다른 이들은 '붓다'라는 호칭보다는 '아라한(빨리어 arahant, 산스끄리뜨 arhat)', 곧 '성자'라는 호칭으로 알려졌는데, '붓다'라는 용어는 깨달음에 이르는 길을 다른 이로부터 듣는 것이 아닌, 혼자의 힘에 의해 발견한 이를 지칭하기 위해 유보되었기 때문이다.

그 가르침들은 빠르게 퍼져나갔고, 이내 많은 사람들이 깨달음을 얻었다. 초기 경전들은 60명의 아라한 무리에 대해서 언급하는데, 그들에게 붓다는 전법자로서 세상에 나아가 세상을 위한 자비심을 발휘하여 그 가르침들을 확산시키도록 명하였다. 5년 뒤 승려들의 교단이 세워지자, 붓다는 여성 승려들을 위한 교단도 동등하게 세워줄 것을 요청받는다. 처음에는 망설였지만—비구 교단 자체는 새로 발달한 것이었고, 비구니 교단은 거의 전례가 없는 것이었다—붓다는 마침내 동의하였다. 비구니 교단은 비구 교단과 같은 정도로 융성하지는 않았고, 오늘날 특히 동아시아에서 '승가(saṅgha)'는 본질적으로 비구들의 교단을 지칭한다.

붓다 생애의 후반부에 관해서는 자세한 전기 자료가 별로 남아 있지 않다. 그러나 그가 상이한 종교적·사회적·경제적 배경을 지닌 여러 부류의 청중들에게 말을 건네면서 도보로 북인도의 도시와 촌락들을 돌아다녔다는 점은 분명하

4. 첫 설법. 한 티베트 사원의 천장 그림의 이 세부는 바라나시 인근 녹야원에서 행해진 첫 법문을 기리고 있다. 좌우에 사슴이, 중앙에 법륜(法輪, 진리의 바퀴)이 자리한 모습이다.

다. 그가 돌아다닌 지역은 종(縱)으로 약 150마일, 횡(橫)으로 약 250마일에 이르는데, 이는 미국의 펜실베이니아주나 아일랜드보다 다소 작은 정도이다. 붓다는 가르침을 전파하고, 질문에 답하며, 각계각층의 사람들과 토론하는 과정에서 종종 청중을 압도하는 모습으로 그려져 있다. 그는 언제나 정중하고 차분한 태도로 사람들을 대했으며, 경전에서 언급된, 그의 가르침을 따르게 된 수많은 사람들은 그의 설득력과 개인적 카리스마에 대해 증언하고 있다. 가끔씩 그는 기적을 행하는 것으로 그려져 있는데, 그것은 그가 명상 수행을 통하여 발달시킨 정신적인 힘에서 비롯된 능력이다. 그가 사람들 사이에서 유명해지고 그를 따르는 이들의 수효가 급증하자 승려들이 한 해의 일부 동안, 특히 유행(遊行)하기 어려운 우기에 머물게 될 거처들이 세워지게 되었다. 이러한 거처들은 종종 왕 또는 부유한 후원자들에 의해 기진되었고, 이윽고 위하라(vihāra), 곧 사원으로 알려진 항구적 기구로 발전했다.

붓다의 열반

『대반열반경大般涅槃經』으로 알려진 중요한 경전은 붓다 생애의 마지막 몇 달 간의 사건들에 대한 이야기를 전하고 있다. 이제 붓다는 나이가 80이 되었고 건강이 쇠하였지만, 평

5. 네팔 카트만두의 스와얌부나트 스뚜빠(Swayambhunath Stūpa). 스뚜빠의 돔 안에는 종종 유골이나 다른 성물(聖物)들이 모셔졌다.

생 동안 해왔던 것처럼 쇠약함을 상쇄시키는 정신력에 의지한 채 도보로 계속해서 여행하고 있었다. 이 시점에 그는 미래에 대한 중대한 결정들을 내려야 했다. 후계자를 지명할 것인가? 죽고 난 뒤에는 누가 교단을 이끌 것인가? 그의 사촌이자 충직한 개인 비서였던 아난다와 대화하면서, 붓다 자신은 결코 스스로를 교단의 '지도자'로 생각한 적이 없기 때문에 후계자가 필요 없다고 말하였다. 대신에 자기가 죽은 뒤에는 다르마가 안내자 역할을 해야 하며, 승려들은 이 다르마와 자신이 승려의 삶에 대한 규율로서 제정한 규칙들인 위나야(vinaya)를 굳게 지켜야 한다고 말하였다. 나아가 그는 개인들이 저마다 교리의 문제들에 대해서 스스로 생각하되, 여러 견해들과 의견들을 받아들일지에 대해 결정하기 전에 그것들을 경전에 비추어 교차 확인할 것을 권고했다. 붓다의 이러한 조언을 따름으로써 불교 내에서는 교리의 문제들에 관해서 그 권위의 핵심적 근거를 어디에서 찾을 것인가 하는 문제는 제기되지 않았고, 전체적으로 이 종교의 교리와 신조들을 선포하도록 권위를 부여받은 기구나 단체도 존재하지 않게 되었다.

붓다는 꾸시나라(꾸시나가라)라는 조그마한 마을에서 오른쪽 옆구리를 두 그루의 사라나무 사이에 기댄 채로 죽었는데, 경전에 따르면 이 나무들은 때가 아닌데도 기적적으로 꽃을 피웠다고 한다. 종종 그가 어느 재가자가 보시한 돼지고기 음식을 먹고 식중독으로 죽은 것이라고 하지만,『대반열반경』
의 이야기를 통해 그가 식중독에서 회복했고 그의 죽음은 얼
마 후 자연적 요인으로 인해 일어난 일이라는 것을 분명히 알
수 있다. 그는 자신의 유해를 화장한 뒤 공양과 신앙의 장소로
사용될 수 있는 스뚜빠(stūpa, 빨리어 thūpa)라고 알려진 종 모
양의 기념탑에 안치하여 위대한 왕(전륜성왕, cakkavatti)의 유
골처럼 다루어야 한다고 일러두었다. 죽기 직전 붓다는 승려
들을 모아놓고 마지막 질문을 할 기회를 주었다. 그러나 아무
도 나서지 않았는데, 이는 이 시기에 그의 가르침들이 완전히
설명되었고 그를 따르는 이들 사이에서 잘 이해되었음을 시
사한다. 붓다는 그러자 마지막 말씀을 남긴다. "모든 사물들은
쇠퇴하기 마련이다. 맑은 마음으로 (열반을 향해서) 노력하라."
그런 다음 고요하고 차분한 상태에서 그는 고도로 집중된 명
상(jhāna)의 몇 단계를 거치고 마지막 열반에 들었다.

제 3 장

업(業)과
윤회(輪廻)

경전들은 깨달음을 얻은 그날 밤 붓다가 그의 전생을 기억해내는 능력을 얻었다고 말한다. 그는 그저 한두 개의 전생만 기억한 것이 아니고, 수많은 생애에 걸쳐서 각각의 생애 동안의 자기 이름과 계급, 직업 등이 무엇인지에 대해서까지도 기억해내었다. 다른 데에서 붓다는 자신이 "91겁까지" 거슬러서 기억할 수 있다고 말한다(M.i.483). 여기에서 1겁은 대략 태양계의 수명에 해당하는 기간이다. 불교의 교리는 주기적 재생(윤회)의 과정에는 시작도 끝도 확실하게 알려질 수 없다(무시무종無始無終)고 주장하지만, 한 개인이 다시 태어날 수 있는 시간의 수가 거의 무한하다는 것은 분명하다. 이처럼 반복되는 재생의 과정은 삼사라(saṃsāra, 윤회輪廻), 또는 '끝없는 돌아다님'으로 알려져 있는데, 이 용어는 강물의 흐름처럼 계속되는 움직임을 시사한다. 모든 살아 있는 존재들(중생)은 이러한 주기적 운동의 일부이며, 열반을 얻을 때까지 그들은 계속해서 다시 태어날 것이다.

환생(reincarnation)이라는 개념은 불교에서 기원한 것이 아니며, 인도에서는 붓다의 시기 이전 수 세기 동안 존재하고 있었다. 그 믿음은 여러 문화에도 공통되며, 6세기 무렵에 그것이 기독교의 교리와 부합되지 않는 것으로 간주되기 전까지는 고전시대의 서구에도 널리 퍼져 있었다. 그러나 다시 태어남, 윤회(rebirth)에 관한 인도의 개념은 그것이 업의 교리와 연관되어 있다는 점에서 독특한데, 업의 교리는 미래에 다시 태어나는 것과 상관있는 환경적 요인들이 한 개인이 현재의 삶에서 지은 도덕적 행위에 의해 결정된다고 주장한다. 까르마(karma, 빨리어 kamma, 업業)는 불교사상에서 근본적으로 중요한 것으로서, 그것을 이해하려면 우주론 및 시간과 관련된 개념들부터 탐구해야 한다.

불교의 우주

불교사상은 우주를 두 개의 범주로 구분한다. 그릇 혹은 '용기(容器, bhājana)'로 간주되는 물리적 우주(기세간器世間)와, 그

안에 살고 있는 '존재(sattva)' 혹은 생명체〔중생세간衆生世間〕가 그것이다. 물리적 우주는 다섯 가지 구성 요소〔오대五大〕, 곧 땅〔지地〕, 물〔수水〕, 불〔화火〕, 바람〔풍風〕, 공간〔공空, ākāśa〕의 상호 작용에 의해 형성된다. 이 가운데 마지막, 곧 무한한 것으로 간주되는 공간은 인도사상에서는 단지 나머지 네 가지의 부재(不在)가 아니라 그 자체가 하나의 구성 요소로 여겨진다. 다섯 가지 요소들 사이의 상호 작용을 통해 '세계체계들(world systems, 법계法界)'이 전개되는데(대체로 오늘날의 태양계 개념에 상응함), 이것들은 우주의 여섯 방향(북, 남, 동, 서, 상, 하)을 통틀어서 발견된다.

이러한 세계체계들은 수십 억 년간 지속되는 진화와 쇠퇴의 주기를 겪는 것으로 생각된다. 그것들은 나타난 다음〔성成〕, 한동안 유지되다가〔주住〕, 서서히 분해되며〔괴壞〕, 격변 속에서 사라지게 된다〔공空〕. 시간이 흘러 그것들은 다시 진화하여 '대겁(大劫)'으로 알려진 하나의 큰 주기를 완료하게 된다. 자연히 그 물리적 우주에 거주하는 존재들은 이러한 사건들의 영향을 받지 않을 수 없고, 실제로 그 세계체계의 거주자들의 도덕적 지위가 그 체계의 운명을 결정한다는 암시가 등장하게 된다. 예컨대 무지하고 이기적인 사람들이 거주하는 세계는 현명하고 덕 있는 인구가 사는 세계보다 빠른 속도로 쇠퇴한다는 것이다. 존재들은 그들의 환경을 단지 돌보는 자가 아니며 어느 의미에서는 그것을 창조한다는 이러한 관념은 생태 환경에 대한 불교적 사고에서 중요한 함의를 지닌다.

불교의 우주론이 서구의 종교적 사고와 중요한 측면에서 다르다는 점은 이미 분명해졌을 것이다. 「창세기」에서 창조는 단일한 사건으로 그려져 있고, 『성서』는 심판의 날에 세계가 끝날 것이라고 가르친다. 이 두 사건 사이에 한 편의 독특한 드라마, 곧 타락과 구속(救贖)의 드라마가 공연되는 임시적인 시간의 창이 영원히 열려 있는 것이다. '역사'를 구성하는 것은 바로 이 드라마이며, 그것은 단선적이고 대개는 앞을 향해 나아가는 일련의 사건들로 여겨진다. 이 드라마(통속적 형태에서는 '구속'을 '진보'로 대체함)에서는 인간이 겪는 일들이 항상 중심적인 자리를 차지한다. 지구를 우주의 중심에 두는 코페르니쿠스(Nicolaus Copernicus, 1473-1543) 이전의 우주론이 이보다 더 생생하게 드러나는 것도 없다. 그러나 인도적 관점에서는 세계에 관한 이런 그림은 인간중심적이며 편협한 것이다. 지구는 결코 우주가 회전하는 축이 아니며, 인간들은 무대 위의 유일한 배우가 아닌 것이다. 더욱이 시간은 단선적이라기보다는 순환적인 것으로 여겨진다. 곧 역사에는 전반적인 방향이나 목적이 없으며, 동일한 유형의 사건들이 여러 번 반복될 수 있다는 것이다.

『초소연경(初小緣經, Aggañña Sutta)』에서 보이는 불교의 창조 신화는 「창세기」와는 상당히 다른 이야기를 전해준다. 여기에서는 파괴되어버린 하나의 세계체계의 거주자들이, 진화해가는 새로운 곳에서 어떻게 다시 서서히 태어나게 되었는지가 기술되어 있다. 처음에는 그들의 육체가 투명하고 성(性)의 구별도 없었다. 새로운 세계체계의 바탕을 이루는 물질이 조밀해지자 이러한 정령 같은 존재들은 그것에 끌리게 되었고, 그것을 음식처럼 섭취하기 시작한다. 그들의 육체는 차츰 천상의 형태를 덜 띠게 되고, 오늘날 우리의 거친 육체적 형태를 닮게 된다. 음식을 향한 경쟁은 다툼과 분쟁을 낳으면서 사람들은 평화를 유지하고자 왕을 세우는데, 이는 사회적 삶의 기원을 나타낸다. 이 신화는 창조 설화만큼이나 인간 사회에 대한 풍자를 의도한 것일 수도 있지만, 그것은 「창세기」와 한 가지 점에서 흥미롭게 대조적이다. 유대-기독교 전통이 인간의 타락을 오만과 불충(不忠)으로 돌리고 있는 데 반해, 불교는 인간 고통의 기원을 욕망에서 찾고 있는 것이다.

윤회의 여섯 영역

하나의 세계체계 속에는 윤회의 여러 '영역들'이 존재한다. 초기의 자료들은 다섯 개를 들지만 나중의 자료들은 반신반인(半神半人)의 영역(아수라阿修羅) 하나를 추가하여 총 여섯 개의 영역(육도六道)이 되며, 내가 여기에서 채택한 것은 바로 이러한 배열이다. 여섯 영역은 불교미술에서 인기 있는 주제이며, 종종 '삶의 바퀴(bhavacakra)'로 묘사된다(아래의 그림 참조). 중심선 위쪽의 세 영역은 윤회에서 상서로운 장소로 간주되지만, 아래쪽의 세 영역은 불행한 것으로 여겨진다. 어느 의미에서 이는 전통적인 기독교의 배열인 지옥(hell), 연옥(燃獄, purgatory), 지상, 천국의 확장판과 비슷하지만, 한 영역에서 다른 영역으로 한 개인이 반복적으로 이동한다는 점에서는 다르다. 불교의 천(天)은 맨 꼭대기에 있는데, 후기(5세기 이후)의 자료들은 이를 26개의 다른 층 또는 '집'들로 세분한다. 여기에 그 밖의 다섯 영역들을 포함시킬 경우 전체적으로 31개의 가능성 있는 윤회의 목적지에 이르게 되는 것이다.

이러한 배열을 그리는 가장 쉬운 방법은 31층으로 된 사무실 빌딩을 생각해보는 것이다. 지하층에는 지옥이 있는데, 이곳은 온갖 존재들이 과거의 삶에서 저지른 악한 행위들의 결과들로 고통받는 비탄의 장소이다. 지옥에서 그들은 갖가지 고문에 시달리는데, 종종 통속적인 그림에서 기름에 삶아진다거나 수족(手足)이 잘리는 것과 같이 생생하게 묘사되어 있다. 그러나 불교의 지옥(엄밀히 말하자면 여러 개가 있으므로 '지옥들')은 두 가지 측면에서 기독교의 지옥과는 같지 않다. 첫째로 그것은 최종적인 저주의 장소가 아니다. 이 점에서 그것

'삶의 바퀴(bhavacakra)' 또는 윤회의 여섯 영역

은 기독교의 연옥에 더 대응되는데, 연옥은 한 개인이 끝에 가서는 풀려나게 되는 임시적 상태이기 때문이다. 그러한 풀려남은 그를 지옥으로 보내버린 악업(惡業)이 그 과정을 마치고 나면 이루어지는 것이다. 둘째 차이는 불교에서는 뜨거운 지옥들과 차가운 지옥들이 있고, 후자의 경우 고통은 태우는 것보다는 얼리는 데에서 온다는 점이다.

지옥 위에 동물들의 영역인 축생계가 있다. 동물로 다시 태어나는 것은 명백한 이유에서 바람직하지 않다. 동물들은 거친 본능의 지배를 받고, 자기네가 처한 상황의 본질을 이해한다거나 그것을 개선하기 위해 많은 일을 할 지적 능력이 부족하다. 동물들은 또한 인간이나 다른 포식자에 의해 그들의 먹이를 위한 사냥감이 되어버린다. 동물들의 상위에는 아귀들의 영역이 있다. 이들은 인간 세상의 주변부를 돌아다니는 불행한 영혼들로서, 때로는 그림자의 형태로서 어렴풋이 보일수도 있다. 대체로 아귀들은 그들을 지상에 묶어두는 강한 집착을 키웠던 과거의 인간들이다. 아귀들은 결코 충족시킬 수 없는 욕망들의 먹이가 되며, 통속적인 그림에서는 큰 배와 조그마한 입을 가진 비쩍 마른 피조물로 그려져 있는데, 이는 그들의 물리지 않는, 그러면서도 줄곧 채워지지 않는 배고픔을 상징한다. 넷째 층위는 아수라의 영역으로서, 이들은 악귀와 같은 호전적인 존재들의 무리이며, 포악한 충동들에 사로잡혀 있다. 힘을 향한 욕망에 의해 움직임으로써 그들은 끊임없이 그 안에서 어떠한 성취도 찾아지지 않는 정복을 추구한다.

다섯째 층위에 인간 세상이 있다. 인간으로 다시 태어나는 것은 매우 바람직하면서도 얻기 어려운 것으로 간주된다. 윤회가 이루어지는 좀더 높은 여러 층위가 있지만, 그것들은 정신적 진보에서 장애가 될 수 있다. 목가적(牧歌的)인 천국에서 신으로 다시 태어남으로써 그는 쉽사리 자기만족에 빠지고 열반을 위하여 노력할 필요성을 못 느끼게 될 수 있는 것이다. 이와 대조적으로 인간이라는 존재는 삶의 문제들에 대한 항구적 해결책을 찾을 기회를 제공하면서 또한 삶이라는 것이 종잡을 수 없는 변화를 일으킨다는 점을 항상 상기시켜준다(예컨대 늙음과 병듦 같은, 붓다가 본 네 가지 징조). 인간들은 이성과 자유의지를 가지고 있으며, 이것들을 사용하여 다르마를 이해하고 붓다의 가르침들을 실행에 옮긴다. 따라서 인간으로서의 삶은 즐거움과 괴로움 사이에서 적절한 균형을 제공한다는 점에서 '중도'로 간주되는 것이다.

우리 건물의 상층부 26개 층(6층~31층)은 신(deva, 천天)들의 거처 혹은 저택이다. 하위의 신들은 착한 행위를 한 결과 이제는 조화롭고 축복받은 상태를 즐기고 있는 존재들이다. 그들 중에는 인드라(Indra)나 브라흐마(Brahma)와 같은, 힌두교 신전에 등장하는 중요한 인격체들도 포함되어 있는데, 이들은 이제 불교 문헌에서 중요한 역할을 수행하게 된다. 또한 사까(Sakka, 산스끄리뜨 Śakya)라는 왕에 의해 다스려지는 삼십 삼천(三十三天)이라는, 33명의 신들의 집단도 그들 가운데에 포함된다. 신비의 산인 메루(Meru)산 꼭대기에 사는 그들은 올림포스산의 신들과 유사한데, 지상에 자주 모습을 드러내어 붓다에게 존경을 표하고 그의 가르침을 듣는다. 또다른 유명한 신들 중에는 뚜시따(Tusita, 도솔천)의 신들도 있는데, 미래의 붓다는 이들과 함께 지상에서 마지막으로 다시 태어날 것을 기다리면서 그곳에 머물고 있다고 하며, 그곳이 미래의 붓다인 메따야(Mettaya, 산스끄리뜨 Maitreya, 미륵彌勒)가 지금 머무는 집이라고 믿어진다. 수많은 상위의 신들이 있지만, 이들은 인간의 일들에 거의 개입하지 않는, 멀리 떨어져 있는 고결한 존재들이다. 그렇지만 그들은 업의 영향을 받으며 마침내는 다른 모든 이들과 마찬가지로 다시 태어나게 된다. 최상층부의 다섯 하늘(23층~27층)은 '범천(梵天, 청정한 거처)'으로 알려져 있고, 그 경지는 '불환(不還, '돌아오지 않음'의 뜻으로 산스끄리뜨 anāgamin(아나함阿那含)을 번역한 말)'으로 알려진 이들에 의해서만 얻을 수 있다. 이들은 다시는 인간으로 태어나지 않을, 곧 깨달음을 얻게 될 존재들이다. 그 신들의 수명은 상위의 단계로 오를수록 증가하여, 인간의 시간으로 계산하면 수십 억 년에 이르게 된다. 그러나 시간은 상대적인 것이어서

6. 불교의 우주. 중앙의 원은 땅의 평평한 표면을 나타내는데, 이 땅은 서로 다른 모양을 한 네 개의 큰 대륙을 지탱하는 것으로 여겨진다. 이 위에 신들이 거주하는 천상의 궁전들이 자리하고, 아래에는 지옥과 여타의 고통의 영역들이 있다. 태국, 1820년경.

다른 존재들에 의해 제각각 다르게 인식된다. 예컨대 인간의 수명은 낮은 단계의 신들에게는 하루와 유사한 것이다.

존재의 세 영역

여섯 개의 영역과 서른한 개의 층위라는 개념은 세 개의 영역(삼계三界)으로 나누어진 우주라는 또다른 개념과 겹친다. 그중 가장 낮은 위치에는 '욕망의 영역(욕계欲界, kāmāvacara)'이 있는데, 이것은 인간 세상 위에 있는 여섯째 하늘까지의 전체를 포함한다. 다음으로는 '순수한 형태의 영역(색계色界, rūpāvacara)', 곧 신들이 일종의 정신감응(telepathy)에 의해 지각하고 소통하는 고원한 정신적 상태가 있다. 이것은 스물일곱째 층위까지 이어진다. 이 모든 것 가운데 가장 높은 층위에 있는 것은 '형태 없는 것의 영역(무색계無色界, arūpāvacara)'인데, 이것은 모든 모습과 형태를 초월한, 거의 기술하기 불가능할 정도로 고원한 상태로서, 여기에는 개체들이 순수한 정신적 에너지로서 존재하고 있다.

무색계의 네 영역에 존재하는 신들은 현상들을 네 가지의, 위로 갈수록 더욱 미묘해지는 방식으로 파악한다. 곧 현상들에 대하여 가장 낮은 단계(28층)에서는 무한한 공간으로서, 둘째 단계(29층)에서는 무한한 의식으로서, 셋째 단계(30층)에

층위	영역의 구분	명상의 수준	
31	지각도 아니고 지각 아닌 것도 아닌 영역 (비상비비상처非想非非想處)	8	무색계 (無色界, arūpāvacara)
30	어떤 것도 존재하지 않는 영역 (무소유처無所有處)	7	
29	무한한 의식의 영역 (식무변처識無邊處)	6	
28	무한한 공간의 영역 (공무변처空無邊處)	5	
27 ⋮ 12	상위의 신들	4 3 2 1	색계 (色界, rūpāvacara)
11 ⋮ 6	하위의 신들		욕계 (欲界, kāmāvacara)
5	인간		
4	아수라		
3	아귀		
2	축생		
1	지옥		

세 영역과 여덟 단계의 명상(jhāna)을 포함하여 31층위를 보여주는
불교의 우주에 대한 도해

서는 '무(無)'로서, 다시 말해 이런 양상을 가진 존재의 지극한 미묘함은 비존재와 유사하다는 개념으로서 파악하는 것이다. 마지막으로 '무'라는 생각조차 버림으로써 '지각도 아니고 지각 아닌 것도 아닌' 것으로 알려진, 말할 수 없는 상태의 마음이 생겨난다(31층). 이것은 누구라도 다시 태어날 수 있는 가장 높은 상태이다. 만약 두 개의 가장 높은 상태가 친숙하게 들린다면, 그것은 붓다가 그의 두 스승에게서 얻은 명상의 단계들과 동일한 이름을 가지고 있기 때문일 것이다. 붓다는 명상을 통해 그것들의 '주파수'에 맞춤으로써 이런 상태에 접근할 수 있었다. 앞으로 살펴볼 것처럼 불교의 우주론에 대한 개념들은 그 명상 이론과 딱 들어맞는 것이다.

업(業)

위에 제시된 우주론에서 업(業, 까르마karma)은 사람들을 건물의 한 층에서 다른 층으로 데려가는 승강기로서 기능한다. 착한 행위는 상승 운동이라는 결과를, 나쁜 행위는 하강 운동이라는 결과를 낳는 것이다. 업은 신에 의해 할당되는 보상과 징벌의 체계가 아니고, 중력의 법칙과 유사한 일종의 자연 법칙이다. 따라서 개인들은 저마다의 좋은 운명과 나쁜 운명에 대한 유일한 저자(著者, author)인 것이다. 대중적인 용법으로

'업'은 단지 사람들에게 일어나는 좋거나 나쁜 일들, 곧 행운이나 불운과 약간 비슷한 것으로 생각된다. 산스끄리뜨 '까르마'의 축자적(逐字的) 의미는 '행위'이지만, 종교적 개념으로서의 까르마는 한낱 종류와 무관한 행위 일반과 관련되는 것이 아니라 특정 종류의 행위와 관련된다. 까르마로서의 행위는 **도덕적** 행위이며, 붓다는 도덕적 선택과 그 선택에 수반되는 행위를 언급함으로써 까르마를 정의하였다. 그는 "비구들이여, 내가 까르마라고 일컬은 것은 선택(cetanā, 思)이다. 선택한 뒤에 사람들은 신체(신身), 언어(구口), 또는 마음(의意)을 통해 행위한다"(A.iii.415)고 말하였다. 도덕적 행위들은 그것들이 대상을 취하는 결과와 그러지 않는 결과 두 가지를 모두 가진다는 점에서 여타의 행위들과는 다르다. 대상을 취하는 결과는 도덕적 행위들이 다른 것들에 끼치는 직접적 효과에서 확인된다. 예컨대 우리가 살인을 하거나 절도를 할 때에 누군가는 그의 목숨이나 재산을 빼앗기게 된다. 대상을 취하지 않는 결과는 도덕적 행위들이 행위자에 영향을 끼치는 방식에서 확인된다. 불교에 따르면 인간은 자유의지를 가지고 있고, 자유의지를 경험하면서 그들은 자기결정에 간여한다. 매우 실제적인 의미에서 개인들은 그들의 도덕적 선택들을 통해 스스로를 창조해간다. 자유롭게 그리고 반복적으로 모종의 사물들을 선택하면서 개인들은 자신의 성격을 형성하고,

그 성격을 통해 그의 미래를 만들어가는 것이다. 속담에서 말하듯이 "행위를 심으면 습관을 무르익게 하고, 습관을 심으면 성격을 무르익게 하며, 성격을 심으면 운명을 무르익게 하는 것이다".

불교는 이러한 과정을 '행(行, saṅkhāra, 산스끄리뜨 saṃskāra)'의 관점에서 설명하는데, '행'은 흔히 '정신적 형성 작용'으로 번역되는 어려운 용어이다. 행은 도덕적 선택(cetāna)이 이루어지고 그 결과가 행위로 나타날 때 형성되는 성격적 특징과 경향성이다. 그 과정은 진흙을 빚어서 완성 형태를 만드는 옹기장이의 작업에 견줄 수 있다. 부드러운 진흙은 어떤 사람의 성격인데, 우리가 도덕적 선택을 할 때에 우리는 자신을 손으로 쥔 채 좋은 방향으로 혹은 나쁜 방향으로 우리의 본성을 만들어내는 것이다. 한 생애밖에 안 되는 짧은 시간 동안에도 특정한 유형의 행동이 어떻게 해서 어떤 결과들을 가차없이 가져오는지 보기란 어렵지 않다. 위대한 문학 작품들은 주인공에게 닥친 운명이 우연히 일어나지 않고, 일련의 비극적 사건들을 야기하는 성격적 결함에 의해 어떤 식으로 들이닥치는지를 보여준다. 업에 의한 선택들이 일으키는 먼 미래의 결과들은 업의 '무르익음(vipāka, 이숙異熟)' 또는 '열매 맺음(phala)'으로 지칭되며, 이것은 농사에 비유된다. 선행이나 악행을 일삼는 것은 훗날 열매를 맺을 씨앗을 뿌리는 것과 같다. 오셀로

7. 티베트 라마 켄수르 린포체의 환생으로 여겨지는 소년. 영화 〈켄수르 린포체의 환생〉(1991년 인도 제작)의 한 장면.

의 질투, 맥베스의 거침없는 야망, 그리고 햄릿의 망설임과 자기의심은 불교도들에게는 모두 행(行, saṅkhāra)으로 보일 것이다. 그리고 각각의 경우 그 비극적인 결과는 이런 성격적 특징들로 인해 그 개인이 하게끔 되어 있는 선택들의 피할 수 없는 '열매(phala)'인 것이다.

어떤 개인이 행한 일의 모든 결과가 그 행위들이 수행된 그 생애 동안 경험되는 것은 아니다. 쌓이기는 했지만 아직 경험되지 않은 업의 결과는 다음 삶으로, 또는 미래의 수많은 삶으로 옮겨지는 것이다. 불교도들 사이에는 이런 일이 어떻게 일어나는지에 대해서 의견이 엇갈리지만, 한 가지 가능성 있는 설명은, 선행을 하는 것은 마치 배터리를 업의 에너지로 충전하고 그 업의 에너지는 미래의 시기까지 저장된다는 것이다. 한 개인이 나중에 다시 태어나는 경우의 핵심적 측면들은 업에 의해 결정되는 것으로 여겨진다. 여기에는 그가 태어나게 될 가족, 그의 사회적 지위, 육체적인 외모, 그리고 당연하게도 그의 성격과 인성들이 포함된다. 왜냐하면 이런 것들이 오로지 그의 전생으로부터 옮겨졌기 때문이다. 어떤 불교도들은 운명론적인 전망을 취하여 모든 행운이나 불운을 어떤 업이 작용한 결과로 보기도 한다. 그러나 업의 교리는 한 개인에게 일어나는 모든 것이 업에 의해 결정된다고 주장하지는 않는다. 일생 동안 겪게 되는 많은 일들, 예컨대 감기에 걸리는 것 등은 전적으로 자연적 원인들 때문일 수 있다. 업은 딱히 어떤 일이 벌어질지, 또는 벌어지는 일에 대해 어떤 이가 어떻게 반응하게 될지를 결정짓지는 않는다. 개인들은 이전의 조건에 마음대로 저항할 수 있으며, 끝없는 윤회를 끊어버릴 새로운 유형의 행위를 확립할 수 있는 것이다.

그렇다면 하나의 행위를 선하거나 악하게 만드는 것은 무엇일까? 이상에서 제시된 붓다의 정의에 따르면, 그것은 대개 의도와 선택의 문제라고 볼 수 있다. 동기라는 심리적 약동은 불교에서 '뿌리〔根〕'로 기술되고, 세 가지 좋은 뿌리와 세 가지 나쁜 뿌리가 있다고 한다. 탐욕〔貪〕, 혐오〔瞋〕, 망상〔癡〕에 의해 촉발된 행위들은 악하지만(akusala, 산스끄리뜨 akuśala), 그 반대인 집착 없음, 선의, 이해에 의해 촉발된 행위들은 선하다(kusala, 산스끄리뜨 kuśala). 그러나 깨달음을 향해 전진하는 것은 단순하게 좋은 의도를 갖는 문제가 아니며, 악은 종종 최상의 동기를 가지고 행동하는 사람들에 의해서도 빚어진다. 따라서 좋은 의도는 반드시 바른 행위로 표현되어야 하는데, 바른 행위는 기본적으로 자기 자신이나 남들에게 해를 끼치지 않는 것이다. 이러한 요구조건을 충족시키지 못하는 종류의 행위들은 다양한 계율 조목으로 금지되고 있다. 이에 대해서는 윤리를 다루면서 좀더 상세히 언급할 것이다.

공덕

업은 선할 수도 악할 수도 있다. 불교도들은 좋은 업을 '공덕(puñña, 산스끄리뜨 puṇya)'으로 표현하며, 그것을 얻으려고 많은 노력을 한다. 어떤 이들은 그것을 마치 은행계좌에 들어 있는 돈, 곧 천상에서 다시 태어나기 위한 예치금으로서 신용을 쌓는 수단과 같은, 일종의 정신적 자산으로 그리기도 한다. 재가자가 공덕을 얻는 최선의 방법 가운데 하나는 교단을 지원하는 것이다. 이것은 승려들이 매일 탁발(托鉢)을 돌며 지나가면 그들의 밥그릇(발우鉢盂)에 음식을 놓아두고, 그들을 위하여 옷을 제공하고, 법문을 듣고 종교 의례에 참여하고, 사원과 사찰의 유지를 위한 자금을 기부함으로써 행해질 수 있다. 공덕은 다른 기부자를 축하하고 그들의 자비심을 기뻐하는 것을 통해서도 얻을 수 있다. 어떤 불교도들은 공덕의 축적을 목적 자체로 여기고서 심지어 그들의 업의 '잔고(balance)'를 기록하기 위해 공책을 휴대하기도 한다. 이는 공덕이라는 것이 바른 행위를 하는 데 따른 부산물이라는 사실을 간과한 것이다. 단지 좋은 업보를 얻기 위해 선행을 하는 것은 이기적인 동기에서 비롯된 행위라서 많은 공덕을 얻지는 못하게 될 것이다.

여러 불교 문화권에서는 '공덕의 이전(회향廻向, transference)'에 대한 믿음, 또는 좋은 업은 다른 이들과 공유될 수 있다는

통념이 있다. 좋은 업을 기부하는 것은 돈을 주는 경우 그렇게
되듯이 자기 자신의 업의 잔고가 고갈되지 않으며, 또한 나눔
의 과정에서 그 업이 자비로운 동기에 힘입어 증대되는 결과
를 가져온다. 더 많이 줄수록 더 많이 받게 되는 것이다! 비록
자비의 정신에서 자신의 공덕을 공유하려는 동기는 그것이
너그럽고 자애로운 성격을 형성하게 하므로 분명히 업에 있
어서 건전하기는 하지만, 이런 종류의 관념들에 어느 정도의
경전적 권위가 있는지는 의문스럽다.

서구의 관점

서구인들은 종종 업과 윤회라는 개념이 혼란스럽다고 생각
한다. 1장에서 언급했듯이, 이것은 대체로 시간과 역사에 관
한 상이한 문화적 전제 때문이기도 하다. 시간을 순환적인 것
으로 개념화하는 문화에서는 윤회라는 개념이 자연스럽게 여
겨진다. 그러나 사람들이 다시 태어난다고 하면, 다음과 같은
반대 의견이 제기될 수 있다. 왜 그렇게나 적은 사람만이 전생
을 기억하는가? 이에 대한 부분적인 설명으로서 문화적 범주
들이 개인적 경험을 조건짓는다고 답할 수 있을 것이다. 윤회
에 대한 믿음이라는 틀이 없는 상태에서는 전생의 기억이 인
지되거나 인식되지 않은 채 스쳐 지나가버릴지도 모른다. 그

8. 한 촌락에서 죽어가는 사형(師兄)을 모시기 위해 길을 떠난 티베트의 라마와 그를
   수행하는 사미승. 사미승은 『티베트 사자死者의 서書』를 챙겨가고 있다. 영화 〈티
   베트 사자의 서〉(1994년 캐나다 제작)의 한 장면.

럴 경우 개인들은 그러한 기억들을 드러냄으로써 조롱받는 위험을 감수하지 않을 것이다. 아이들이 그런 기억들을 입에 올리면 교사나 부모들은 대개 그것들을 과도한 상상력의 산물이라고 무시하기 십상이다. 하지만 과거의 삶을 기억해냈다고 주장하는 개인들의 증언이 늘고 있는데, 그 기억들이 순수한 것이 아니라면 그 전생의 많은 것들을 제대로 설명하기는 어렵다.

그럼에도 불구하고 그러한 회상들은 윤회가 받아들여지는 문화권에서도 드물게 일어나는 일이다. 이에 대하여 불교도들이 발전시킨 가능성 있는 설명 방법 중 하나는, 죽음과 다시 태어남의 경험은 그러한 회상을 마음의 상층부에서 지워버리는 경향이 있으며, 이 기억들은 명상이나 최면에 의해 유도되는 전환된 상태의 의식에서 간신히 재생될 수 있는 것이라고 말하는 것이다.

윤회에 대한 또 한 가지 흔한 질문은 "만약 사람들이 다시 태어난다면 왜 인구는 더 빠르게 증가하지 않는가?"라는 것이다. 이 질문 역시 인간중심적인 가정(假定)들로부터 제기된 것이다. 인간 세상은 윤회의 영역들 중 하나에 지나지 않으며, 온갖 존재들은 여섯 영역 중 어느 하나가 되었든 그 안에서 다시 태어날 수 있기 때문에 한 장소에서 다른 장소로 끊임없이 이동할 뿐인 것이다. 어떤 불교 학파에서는, 특히 티베트의 학파에서는 삶과 삶 사이의 완충장치로서 기능하는 중간적인 상태가 있어서, 죽은 자의 영혼은 다시 태어나기 전까지 49일 동안이나 그 상태에 머문다고 믿는다. 이 기간에 영혼은 윤회의 여섯 영역을 모두 관찰하고 나서 마치 자석에 끌리듯이 그 업의 상태에 가장 부합되는 하나의 영역으로 끌려가게 된다. 그러나 다른 학파에 따르면, 하나의 삶에서 다음 삶으로 이동하는 것은 순간적이어서 죽음은 곧바로 새로운 삶의 잉태로 이어진다.

불교도가 되려면 여섯 영역이나 천상과 지옥의 존재를 믿어야 하는가? 반드시 그런 것은 아니다. 비록 대다수의 불교도들이 전통적인 가르침들을 받아들이기는 하지만, 그것들을 다양한 방식으로, 아마도 존재의 다른 차원, 평행우주, 또는 단지 마음의 상태를 언급함으로써 재해석할 수도 있다. 마지막 장에서 비교적 상세히 다룰 '불교 현대화론(Buddhist modernism)'을 옹호하는 이들은 전통적인 도식의 좀더 '중세적인' 요소들을 거부하고, 그것들을 오늘날의 상황에 더 부합하는 개념들로 대체하려는 경향이 있다. 그럴 경우 불교를 과학적 인간주의(scientific humanism)로 환원하는 대가를 치르게 될지도 모르지만, 불교도이면서도 윤회의 개념을 완전히 버리는 것조차도 가능할지 모른다. 어떤 형태로든 개인의 존재가 죽음 뒤에도 연속된다는 믿음은 불교사상의 대부분의 전통에서는 최소한의 요건으로 보이게 될 것이다.

그렇다면 불교의 목표는 좀더 유복한 조건에서 다시 태어나는 것인가? 비록 실제로 승려와 재가자 모두를 포함한 많은 불교도들이 그것을 열렬히 바라지만, 그것은 불교가 추구하는 최종적인 고통 해결책이 아니다. 붓다는 그의 스승들에게서 배운 무아지경의 상태들을 통해 얻은 임시적인 행복에 만족하지 않았으며, 신들이 향유하는 고원한 존재는 단지 이런 경험의 연장에 지나지 않는 것이다. 조만간 천상에서 태어나게 될 그런 좋은 업은 그 갈 길을 다 가게 될 것이고, 신들조차도 죽고 다시 태어나게 될 것이다. 업의 에너지는 유한하며 결국에는 소진되는데, 이는 점차 궤도에서 힘을 잃어가는 우주선과 다를 바 없는 것이다.

고통의 문제에 대한 해답은 환생의 순환(윤회, saṃsāra)에서 맞이할 더 나은 재생에 있는 것이 아니며, 오직 열반만이 최종적인 해결책을 제공하는 것이다.

제 4 장

사성제(四聖諦)

불교의 궁극적 목표는 고통과 윤회를 종식시키는 것이다. 붓다는 이렇게 말하였다. "과거에도 그리고 현재에도 나는 오직 이것, 곧 고통과 그것의 소멸만을 제시한다." 비록 이러한 표현방식이 부정적이긴 하지만 그 목표는 긍정적인 측면을 띠고 있다. 왜냐하면 고통을 끝내는 방법은 선과 행복을 향한 인간의 잠재력을 완전하게 발휘하는 것이기 때문이다. 자기실현이라는, 이런 완전한 상태를 성취한 이는 열반을 성취했다고 일컬어진다. 열반은 불교의 최고선(summum bonum), 곧 최종적이며 최상의 선이다. 그것은 개념이면서 경험이기도 하다. 개념으로서의 열반은 인간적 충족에 대한 특별한 관점을 제공하며, 이상적인 삶의 윤곽과 모습을 제시한다. 경험으로서의 열반은 시간의 경과에 따라 그것을 추구하는 인격체 속에 구현되는 것이다.

왜 열반을 바라는지에 대해서는 이제 분명히 알 수 있을 것이다. 그러나 그것을 어떻게 얻을 수 있을까? 앞에서 이미 이 문제에 대한 부분적인 답을 시사한 바 있다. 우리는 불교가 유덕한 삶에 대해 높은 가치를 부여하고 있음을 안다. 따라서 도덕적으로 사는 것이 선결요건인 것처럼 보인다. 하지만 어떤 학자들은 이런 통념을 거부한다. 그들은 선행으로 공덕을 쌓는 것이 실은 열반의 길에 방해가 된다고 주장한다. 그들은 선행은 업을 초래하고, 업은 그 행위자를 윤회에 붙들어맨다는 점을 지적한다. 그렇기 때문에 그들은 업과 그 밖의 모든 윤리적 고려들을 초월해야 비로소 열반을 얻을 수 있다는 결론이 도출된다고 논한다. 이러한 관점에는 두 가지의 문제점이 있다. 첫째로, 만약 도덕적 행위가 열반의 길에 장애가 된다면 왜 경전들은 선행을 하도록 줄기차게 권하는지를 설명해야 할 것이다. 둘째로는 붓다와 같이 깨달음을 얻은 자가 왜 한결같이 도덕적으로 모범적인 삶을 사는지를 설명해야 하는 난점이 있다.

이런 문제들에 대한 하나의 해결책은 도덕적인 삶을 영위하는 것은 그저 열반이 제시하는 인간의 완성이라는 이상(理想)의 **일부**에 지나지 않는다고 보는 것이다. 따라서 덕[계행戒

行, sīla, 산스끄리뜨 śīla)은 이러한 이상에서 본질적 요소이긴 하지만 그 자체로는 불완전하며, 다른 어떤 것에 의해서 보완되어야 하는 것이다. 이와 관련해서 요청되는 요소가 바로 지혜〔반야般若, paññā, 산스끄리뜨 prajñā)이다. 불교에서 '지혜'는 인간의 조건에 대한 심오한 철학적 이해를 의미한다. 그것은 오랜 시간의 반성과 깊은 사고로부터 오는, 실재의 본성에 대한 통찰을 필요로 한다. 그것은 일종의 영적(靈的) 직관(gnosis) 또는 진리에 대한 직접적 파악으로서, 시간이 지나면서 깊어지고 마침내 붓다가 경험하는 완전한 깨달음 속에서 온전히 무르익게 되는 것이다.

따라서 열반은 덕과 지혜가 융합된 것이다. 이 둘의 관계에 대해서는 덕과 지혜 둘 다 열반을 위한 '필요'조건이지만 그 어떤 것도 '충분'조건은 아니라는 식의 철학적인 용어로 표현할 수 있을지도 모르겠다. 오직 양자가 함께 있을 때에만 열반을 위한 필요충분조건들이 발견된다. 그리고 초기 경전은 그 두 가지를 서로를 씻어서 깨끗하게 하는 양손에 비유하면서, 하나 또는 다른 하나가 결여된 사람은 불완전하며 성취에 이르지 못한 것임을 분명히 하고 있다(D.i.124).

지혜가 덕에 대하여 본질적으로 대등한 다른 한쪽이라면, 우리가 깨닫기 위해서 알아야 하는 것은 무엇인가? 우리가 알아야만 하는 진리는 본질적으로 붓다가 깨달음을 이룬 그날

밤에 지각하고 이어 바라나시 근처의 사슴 동산(녹야원)에서 첫 법문으로 제시했던 것이다. 이 법문은 '사성제(四聖諦)'라고 알려진 네 가지의 서로 연결된 명제들을 언급하고 있다. 이 명제들은 다음과 같이 주장한다. 1) 삶은 고통이다, 2) 고통은 갈망에 의해 생긴다, 3) 고통은 소멸될 수 있다, 4) 고통의 소멸에 이르는 길이 있다. 종종 의학적 비유가 그것들 사이의 관계를 설명하기 위해 사용되는데, 붓다는 인생의 병에 대한 치료법을 발견한 의사에 비유된다. 첫째 그는 병을 진단하고, 둘째로 그 원인을 설명하고, 셋째로 치료법이 존재한다고 확언하고, 넷째로 그 처방을 제시한다.

미국의 정신과 의사인 M. 스캇 펙(Scott Peck)은 그의 베스트셀러인 『아직도 가야 할 길 The Road Less Travelled』을 "인생은 어렵다"라는 말로 시작한다. 사성제 중 첫째 진리를 언급하면서 그는 "이것은 위대한 진리로서, 가장 위대한 진리들 가운데 하나이다"라고 덧붙인다. 불교에서 '고성제(苦聖諦)'로 알려진 이 진리는 붓다의 가르침의 주춧돌이다. 고성제는 고통(dukkha, 산스끄리뜨 duḥkha)이 삶의 본질적인 부분이라고 말하며, 인간의 조건에 대해서 근본적으로 '불편한, 병든(dis-ease)' 것으로 진단한다. 고성제는 태어남, 병듦, 늙음, 죽음과 같은 육체적·생물학적인 경험을 비롯한 많은 종류의 고통들을 언급한다. 이것들은 종종 물리적 고통을 포함하지만, 좀더 깊은 문제는 자신이 되었든 사랑하는 이가 되었든 한 생애에서 다음 생애로 이어지면서 그들에게는 태어남, 병듦, 나이듦, 죽음이 **반복되고**, 그러한 반복을 피할 수 없다는 점이다. 개인들은 이러한 현실을 마주할 때 무력하며, 의학의 발달에도 불구하고 그들의 육체적 본성상 병듦과 불의의 사고에 취약한 채로 남아 있는 것이다. 육체적 고통 이외에도 고성제는 "비탄, 슬픔, 탄식, 그리고 골칫거리"와 같은 감정적이고 심리적인 형태의 괴로움에 대해서도 언급한다. 이것들은 육체적 고통보다 더 다루기 힘든 문제들인데, 비탄과 슬픔으로부터 자유로운 삶은 별로 없으며, 완전한 회복이 불가능할지도 모르는 만성적 우울과 같은, 약해져가는 많은 정신적 조건들이 존재하기 때문이다.

고통의 이처럼 분명한 사례들을 넘어서, 고성제는 '실존적'이라고 일컬을 만한 좀더 미묘한 종류의 고통에 대해서도 언급한다. 이것은 "원하는 것을 얻지 못하는 것이 고통이다"라는 말에 보인다. 여기에 그려진 이런 종류의 고통은 인생에서 우리가 기대한 대로 살아가는 데 실패하고, 우리가 원하는 대로 사태가 전개되지 않을 때 경험하는 좌절, 실망, 그리고 환멸을 말한다. 붓다는 병적으로 우울한 이는 아니었으며, 그는 분명 젊은 왕자로서 자신이 경험한 것으로부터 삶에는 즐거운 순간들이 있을 수 있음을 알고 있었다. 그러나 문

1. 고통(dukkha)에 대한 진리

오, 비구들이여! 고성제란 무엇인가? 태어남(생生, jāti)이 고통
이요, 병듦(병病, vyādhi)이 고통이요, 나이듦(노老, jarā)이 고통이
요, 죽음(사死, maraṇa)이 고통이다. 아픔(고苦, dukkha), 비탄(우憂,
domanassa), 슬픔(수愁, soka), 탄식(탄歎, parideva), 그리고 골칫거리
(뇌惱, upāyāsa)가 고통이다.* 불쾌한 것과의 만남이 고통(원증회고
怨憎會苦)이요, 즐거운 것으로부터 분리됨이 고통(애별리고愛別離
苦)이다. 원하는 것을 얻지 못함이 고통(구부득고求不得苦)이다. 요
컨대 개인의 다섯 요인(오온五蘊)이 고통(오음성고五陰盛苦)이다.

---

* 괄호 안의 빨리어 표기는 저자 데미언 키온이 인용한 경전의 정확한 출처
가 불분명하여 SuttaCentral(https://suttacentral.net/)에서 검색한 경문에 의
거하여 추정한 것이다. 특히 그가 '태어남', '병듦', '나이듦', '죽음'에 이어 제
시한 다섯 가지 항목 '아픔', '비탄', '슬픔', '탄식', '골칫거리'는 원문의 "pain,
grief, sorrow, lamentation, and despair"를 번역한 것인데, SuttaCentral에 소
개된 Bhikkhu Sujato의 영어역(Linked Discourses: A Translation of Saṁyutta
Nikāya)에는 이 부분이 "sorrow, lamentation, pain, sadness, and distress"으
로 되어 있다(https://suttacentral.net/sn12.1/en/sujato). 이는 Mahāsaṅgīti
Tipiṭaka Buddhavasse 2500: World Tipiṭaka Edition in Roman Script (The M. L.
Maniratana Bunnag Dhamma Society Fund, 2005)에 수록된 빨리어 원문 "sokap
aridevadukkhadomanassupāyāsā"(https://suttacentral.net/sn12.1/pli/ms)을 번
역한 것으로서 『아비달마대비바사론阿毘達磨大毘婆沙論』의 '수탄고우뇌(愁歎苦
憂惱)'와 일치한다. 『장아함경長阿含經』이나 『잡아함경雜阿含經』에는 이 부분이
'우비고뇌(憂悲苦惱)'의 네 가지 항목으로 되어 있어서 순서나 의미상 약간의 차
이를 보이지만, 마지막 '뇌(惱, upāyāsā)'는 일치한다. 다만 이것은 영어 단어
'despair'에 함축된 '절망', '골칫거리'의 의미보다는 'perturbation' 또는 'vexation'
으로 번역될 수 있는 '동요(動搖)', '성가심'의 의미가 더 강하다. ─옮긴이

제는 좋은 시간들이 지속되지 않는다는 점이다. 그것들은 조

만간 사라져버리거나, 한때 새롭고 장래성이 충만하게 보였
던 것에 대해 우리는 싫증을 느끼게 되는 것이다. 이 맥락에
서 'dukkha'라는 단어는 좀더 추상적이고 확산적인 의미를
가지고 있다. 그 단어에는 인생이 고통스럽지 않을 때조차
도 그것은 불만족스럽고 충족시키지 못할 수도 있다는 뜻이
함축되어 있다. 이러한 그리고 여타 맥락에서 '불만족스러움
(unsatisfactoriness)'은 'dukkha'의 의미를 '고통(suffering)'보다
더 잘 포착한다.

고성제를 표현한 마지막 부분에는 왜 인간의 삶은 결코 궁
극적으로 만족스러울 수 없는지에 대한 좀더 근본적인 이유
가 암시되어 있다. "개인의 다섯 요인이 고통이다"라는 말은
붓다가 둘째 법문에서 풀이한 가르침을 가리키는데(Vin.i.13),
이 가르침은 인간의 본성을 다섯 요인으로 분석한다. 곧 물질
적 육체(rūpa, 색色), 감각과 느낌(vedanā, 수受), 인지(saññā, 상
想), 성격적 특징과 경향성(saṅkhāra, 행行), 그리고 의식 또는
식별(viññāna, 식識)이 그것이다. 여기에서 우리에게 중요한 점
은 이 목록에 포함된 것보다는 포함되지 않는 것에 있기 때문
에, 굳이 다섯 요소 하나하나에 대해서 자세히 고찰할 필요는
없다. 특히 이 교리는 영원하고 변하지 않는 정신적 본질로 이
해되는 영혼이나 자아에 대해서는 언급하고 있지 않다. 이러
한 입장을 취함으로써 붓다는 바라문교(Brahmanism)로 알려

진 정통적인 인도의 종교 전통으로부터 스스로를 분리시켰
다. 바라문교에서는 각 개인이 브라흐만(brahman, 일종의 비인
격적 신격神格)으로 알려진 형이상학적 절대자의 일부분이거
나 그와 동일한 영원한 영혼(ātman)을 가지고 있다고 주장하
였다.

붓다는 그러한 개인적 자아(ātman) 또는 그것의 우주적 짝
인 브라흐만 중 어느 것에 대해서도 그 존재에 대한 증거를 발
견할 수 없었다고 말하였다. 대신에 그의 접근법은 실용적이
고 경험적인 것으로서, 이는 신학보다는 심리학에 더 가까운
것이었다. 그는 자동차가 바퀴, 동력 전달장치, 엔진, 핸들, 그
리고 차축으로 구성된 것과 같이 인간의 본성을 다섯 요인으
로 구성된 것으로서 설명하였다. 물론 과학과는 달리 그는 한
개인의 도덕적 정체성, 곧 우리가 그 개인의 '정신적 DNA'라
고 부를 수도 있는 그런 정체성이 죽음을 견디고 다시 태어난
다고 믿었다. 그러나 붓다는 개인의 다섯 요인을 **고통**이라고
말하면서, 인간의 본성이 영원한 행복의 토대를 제공하지 못
함을 지적하였다. 왜냐하면 다섯 요인에 대한 교리는 개인이
어떤 참된 핵(核)과 같은 것을 가지고 있지 않음을 보여주기
때문이다. 인간은 계속해서 변하는 이 다섯 요인으로 이루어
져 있어서, 마치 자동차가 결국에는 소모되고 파손되는 것처
럼 조만간 고통이 발생하는 것은 불가피한 일이다. 따라서 고

통은 우리 존재라는 바로 그 직물에 원래부터 물들어 있는 것이다.

고성제의 내용은 붓다가 네 가지 징조 중 처음 셋, 곧 늙은 이, 병든 이, 시체를 보았을 때, 그리고 삶이란 온갖 종류의 고통과 불행으로 가득차 있음을 깨달았을 때 부분적으로 제공된 것이다. 불교를 접하는 많은 이들은 인간의 조건에 대한 이런 평가를 비관적이라고 느낀다. 이에 대해서 불교도들은 그들의 종교가 비관적이지도 낙관적이지도 않고 실제적이며, 고성제는 단지 객관적인 방식으로 삶의 사실을 있는 그대로 제시할 뿐이라고 말하는 경향이 있다. 만약 그렇게 제시한 것이 비관적으로 보인다면, 그것은 불쾌한 진리를 꺼리고 "밝은 측면을 보려는" 인간의 뿌리 깊은 경향성 때문일 것이다. 의문의 여지 없이 이것은 붓다가 고성제에 대하여 극히 파악하기 어렵다고 보는 이유이다. 그것은 어떤 이가 치료에 대한 희망이 전혀 없다는 조건을 인식한 뒤에야 심각한 질병을 앓고 있음을, 곧 누구도 인정하기를 원하지 않는 어떤 것을 인정하는 것과 비슷하다.

삶이 고통이라면, 이 고통은 어떻게 해서 일어나는 것일까? 둘째의 성스러운 진리인 집성제(集聖諦), 곧 일어남(samudaya)에 대한 진리는 고통이 갈망 또는 갈애(渴愛, taṇhā, 산스끄리뜨 tṛṣṇā) 때문에 일어난다고 설명한다. 갈망은 장작이 불길에 연료를 공급하는 것과 같은 방식으로 고통에 불을 붙이는데, 이는 '불의 법문'(S.iv.19)에서 모든 인간의 경험을 욕망으로 "불타고 있는" 것으로서 말할 때 등장하는 생생한 비유이다. 불은 충족되지 않은 채 그것이 먹이로 삼는 것을 완전히 소진해버리기 때문에 욕망에 대한 적절한 비유가 되는 것이다. 그것은 빠르게 확산되고, 새로운 대상에 집착하며, 달래지지 않는 열망이라는 고통과 함께 불타버리는 것이다.

윤회를 유발하는 것은 다름 아닌 삶에 대한, 그리고 삶이 제공하는 즐거운 경험들에 대한 강한 중독이라는 형태로 나타나는 욕망이다. 개인의 다섯 요인을 자동차에 견준다면, 욕망은 그 자동차를 앞으로 나아가게 하는 연료와 같은 것이다. 비록 윤회는 보통 삶의 단계마다 일어나는 것처럼 생각되지만, 그것은 매 순간 생겨나기도 한다. 즐거운 경험들에 대한 갈애가 이끄는 대로 개인의 다섯 요인이 변하고 상호 작용하기 때문에 사람은 매 순간 다시 태어난다고 한다. 개인의 존재가 하나의 삶에서 다음 삶으로 이어지는 것은 단지 욕망의 축적된 운동량의 결과인 것이다.

집성제는 갈망 또는 갈애가 세 가지의 주된 형태로 스스로를 나타낸다고 하는데, 그중 첫째는 감각적 쾌락에 대한 갈망〔욕애欲愛〕이다. 이것은 기분 좋은 맛, 느낌, 향, 광경, 소리를 경험하려는 욕망과 같이 감각의 대상들을 통한 만족을 갈망

2. 일어남(samudaya)에 대한 진리

오, 승려들이여! 이것이 고통의 일어남에 대한 진리이다. 이러한 갈애 또는 갈망(taṇhā)이 윤회를 일으키는데, 열정적인 즐거움에 빠진 채 이제 여기에서 그리고 곧 저기에서 1) 감각적 쾌락에 대한 갈망, 2) 존재에 대한 갈망, 3) 비존재에 대한 갈망이라는 형태로 새로운 즐거움을 찾는다.

하는 형태를 취한다. 둘째는 존재에 대한 갈망〔유애有愛〕이다. 이것은 우리를 새로운 삶과 새로운 경험으로 몰아가는, 있고자 하는 깊은 본능적 의지를 가리킨다. 갈망이 스스로를 드러내는 셋째 방식은 소유하지 않고 파괴하기를 바라는 것이다. 이것은 욕망의 어두운 측면으로서, 불쾌하고 반갑지 않은 것을 부정하고 부인하며 거부하려는 충동으로 나타난다. 파괴하려는 욕망은 또한 자기거부적이고 자기부정적인 행동으로 이끌기도 한다. 낮은 자존감과 '나는 글러먹었어' 또는 '나는 패배자야'와 같은 생각들은 이런 태도가 자아를 향할 때 나타나는 것들이다. 그것은 극단적인 형태들로는 자살과 같이 육체적으로 자기를 파괴하는 행위로 이끌 수도 있다. 붓다가 결국에는 거부했던 육체적 금욕과 같은 것 역시 자기부정을 향한 이러한 충동의 표현으로 볼 수 있다.

그렇다면 이는 모든 욕망이 나쁘다는 뜻일까? 우리는 결론을 내리기 전에 주의해야 한다. 비록 '욕망'은 종종 '딴하 (taṇhā)'의 번역어로 쓰이지만, 이 '욕망(desire)'이라는 단어는 훨씬 넓은 의미론적 범위를 가진다. '딴하'는 그 의미가 좀더 제한적이며, 어느 의미에서는 흔히 과도하고 잘못 인도됨으로써 왜곡되어버린 욕망을 함축한다. 그것이 추구하는 바는 보통 감각적인 자극과 쾌락이다. 그러나 모든 욕망이 이런 종류는 아니며, 불교의 문헌들은 '찬다(chanda)'라는 용어를 써서 좀더 긍정적인 관점에서 욕망을 말하기도 한다. 자기 자신과 남들을 위하여 긍정적인 목표(열반을 얻는 것 등)를 가지며, 다른 이들이 행복해지기를 원하며, 나아가 세상이 자기 스스로 느꼈던 것보다 나은 곳이 되도록 바라는 것은 모두 딴하로 간주되지 않는, 긍정적이고 건전한 욕망이다.

　잘못된 욕망은 인간을 제한하고 구속하는 반면, 바른 욕망은 고양시키고 해방시킨다. 그 차이를 설명하기 위해 흡연을 예로 들 수 있을 것이다. 담배 한 대를 더 피우고 싶은 골초의 욕망은 딴하인데, 그것은 그 목적이 단기적 만족에 그치기 때문이다. 그러한 욕망은 충동적이며 제한적이고 주기적이다. 그것은 그다음의 담배 외에는 어떠한 곳으로도 그를 데려가지 않는다. (그리고 부작용으로 건강을 해친다.) 골초가 흡연을 그만두려고 욕망하는 것은 다른 한편으로 그것이 충동적인 부정적 습관의 주기적 반복을 깨버리고 건강과 행복을 고양시킬 것이기 때문에 고결한 욕망이 될 것이다.

집성제에서 딴하는 위에 언급된 '악의 세 가지 뿌리', 곧 탐욕, 혐오, 망상을 나타낸다. 불교미술[육도윤회도]에서 이것들은 3장에서 다룬 '삶의 바퀴(bhavacakra)'의 중앙에 있는 작은 원 안에서 서로 꼬리를 문 채 빙빙 돌며 쫓아가고 있는 수탉과 돼지와 뱀으로 묘사된다. 어떻게 이런 일이 생기는지는 '의존적 발생[연기(緣起, paṭicca-samuppāda, 산스끄리뜨 pratītya-samutpāda)]'으로 알려진 가르침에서 자세히 설명된다. 이 교리는 갈망과 무지[무명無明]가 어떻게 해서 일련의 열두 단계로 윤회를 야기하는지 설명한다. 우리의 당면 목적을 위해서는 열두 단계를 논의하는 것보다는 그 밑에 놓인 원리, 곧 인간의 심리뿐 아니라 큰 틀에서 실재에까지 적용되는 원리를 파악하는 것이 더 중요하다.

가장 기본적인 수준에서 그 교리는 모든 결과는 원인이 있다는 주장으로 요약할 수 있다. 다른 말로 하자면, 존재하게 된 모든 것은 다른 어떤 것(또는 여러 개의 다른 것들)에 의지하여 생긴 것이다. 이런 관점에 서면 모든 현상은 인과적 연쇄의 부분으로서 생기며, 어떤 것도 그 자체 그리고 저절로 독립적으로는 존재하지 않는 것이다. 따라서 우주는 다소간의 정적(靜的)인 대상들의 집합이 아니라 서로 연결된 원인과 결과들의 동적(動的)인 관계망으로 보이게 된다. 더욱이 인간 개개인이 어떤 것도 남겨지지 않은 채 개별자의 다섯 요인으로 분석되듯이, 모든 현상들도 그 안의 어떤 '본질적'인 것도 발견되지 않은 채 그 구성 요소들로 환원될 수 있다. 존재하게 되는 모든 것은 불만족스러움(dukkha, 고苦), 무상(無常)함(anicca), 자기 본질의 부재(anattā, 무아無我)라는 세 가지 특징 또는 '표지'를 가진다고 한다. 사물은 무상하기 때문에(따라서 불안정하고 믿을 수 없기 때문에) 불만족스러우며, 그것들은 보편적인 인과의 과정으로부터 독립적인 자기 본성[자성自性]을 결여하고 있기 때문에 무상한 것이다.

불교의 우주는 끝없는 갈망과 만족의 과정이라는 심리적 차원에서, 죽음과 다시 태어남의 연속이라는 개인적 차원에서, 그리고 우주의 창조와 파괴라는 우주적 차원에서 주로 순환적인 변화에 의해 특징지어져 있음을 볼 수 있다. 이 모든 것 아래에 연기의 교리에서 설명된 원인과 결과의 원리가 놓여 있으며, 연기설에 함축된 것들은 후대의 불교에서 심오하게 발전했다.

셋째의 성스러운 진리는 멸성제(滅聖諦), 곧 소멸(nirodha)에 대한 진리이다. 이 진리는 갈망이 제거될 때 고통은 사라지고 열반이 성취된다고 선언한다. 붓다의 생애에 대한 이야기에서 상기되듯이, 열반은 두 가지 형태를 취한다. 첫째는 그가 살아 있는 동안에 발생한 것, 둘째는 죽을 때에 성취한 것이

3. 소멸(nirodha)에 대한 진리

오, 비구들이여! 이것은 고통의 소멸에 대한 진리이다. 그것은 저 갈애(taṇhā)가 완전히 사라진 것이며, 그것을 떠난 것이며, 그것을 버린 것이며, 그것을 거부한 것이며, 그것으로부터 해방된 것이며, 그것에 대한 비집착이다.

다. 붓다는 35세에 나무 아래 앉아 있는 동안 '이 삶에서의 열 반[유여열반有餘涅槃]'이라고 알려진 것을 얻었다. 그는 80세에 죽으면서 더이상 다시 태어나지 않는 '최종적 열반[무여열 반無餘涅槃]'에 들었다.

'열반(nirvana)'은 문자 그대로는 초의 불꽃을 불어서 끄는 것과 같은 방식으로 '가라앉힘' 또는 '불어서 끔'을 뜻한다. 그러나 무엇이 '꺼지는' 것일까? 어떤 사람의 영혼인가, 그의 자아인가, 그의 정체성인가? 꺼진 것이 영혼일 수는 없다. 왜냐하면 불교는 그러한 것이 존재함을 부인하기 때문이다. 열반은 분명 '나[아我]와 내 것[아소我所]'에 대한 집착을 떠난, 근본적으로 전환된 의식의 상태를 포함하는 것이긴 하지만, 자아 또는 정체감이 사라지는 것도 아니다. 여기에서 소멸된 것은 실제로는 윤회를 야기하는 탐욕, 혐오, 그리고 망상이라는 세 가지 불이다. 참으로 이 삶에서의 열반에 대한 가장 단순한 정의는 "탐욕, 혐오, 그리고 망상의 소멸"이다(S.38.1). 이 삶에서의 열반이 심리적·도덕적인 실재, 곧 평화, 깊은 정신적 즐거움, 자비, 정제되고 미묘한 알아차림으로 특징지어진 전환된 인격의 상태라는 점은 분명하다. 의심, 걱정, 불안, 공포와 같은 부정적인 정신 상태와 감정들은 깨달은 마음에는 없는 것이다. 많은 종교 전통의 성자들은 이런 긍정적인 속성 중 일부 또는 모든 것을 보여주며, 보통 사람들 역시 어느 정도는 그것들을 가지고 있다. 그러나 붓다나 아라한과 같은 깨달은 사람은 그 모두를 완전히 가진 것으로 생각된다.

그런 사람이 죽을 때에는 어떻게 될까? 최종적 열반과 연결지어 그것을 어떻게 이해할지와 관련되는 문제들이 제기된다. 갈망의 불꽃이 소멸될 때 윤회가 소멸되며, 깨달은 자는 더이상 태어나지 않게 된다. 그렇다면 그에게 무슨 일이 생긴 것일까? 초기 문헌에는 이 질문에 대한 분명한 답이 없다. 붓다는 깨달은 자가 죽은 뒤 어디로 갔는가에 대해 묻는 것은 불꽃이 꺼졌을 때 그것이 어디로 갔는지를 묻는 것과 같다고 말하였다. 물론 불꽃은 어느 곳으로도 '가지' 않았다. 단지 연소의 과정이 멈추었을 뿐이다. 갈망과 무지를 제거하는 것은 불꽃이 타는 데 필요한 산소와 연료를 없애버리는 것과 같다. 그러나 불꽃을 불어서 꺼버린다는 이미지를 곧 최종적 일반이라는 것이 완전히 사라져버림을 시사하는 것으로 받아들여서는 안 된다. 여러 자료들은 이것이야말로 열반이 개인의 영혼의 영원한 존속이라고 결론짓는 것만큼이나 오류임을 아주 명확하게 밝히고 있다.

붓다는 열반의 본성에 대한 사변을 일삼지 말 것을 권장했으며, 대신에 그것을 성취하기 위해 노력할 필요가 있음을 역설하였다. 그는 열반에 대한 사변적 질문을 던진 이들을, 독화살을 맞아서 다쳤지만 그 화살을 뽑기보다 그것을 쏜 사람에 대한 별 상관없는 정보, 예컨대 그의 이름과 종족, 그가 얼마나 멀리 서 있었는가 등을 고집스럽게 따져묻는 사람에 비유하였다(M.i.426). 붓다가 그 질문에 대해 부연하는 것을 이렇듯 꺼리는 것과 일맥상통하게도 초기 문헌들은 열반을 두드러지게 부정적인 표현들, 예컨대 '욕망의 부재', '갈애의 소멸', '꺼짐', '그침'과 같은 말로 기술하고 있다. 좀더 긍정적인 표현들도 적게나마 보이는데, 여기에는 '길상한 자', '선한 자', '순수함', '평화', '진리', '저 건너편'과 같은 말들이 포함된다. 어떤 구절은 열반은 '태어나지도, 생겨나지도, 만들어지지도, 형성되지도 않은' 초월적 실재임을 암시하는 것처럼 보이기도 한다(Udāna 80). 그러나 그렇게 표현된 것들을 어떻게 해석해야 할지는 알기 어렵다. 마지막으로 분석하자면, 최종적 열반의 본성은 그것을 경험한 이가 아니라면 수수께끼로 남아 있는 것이다. 다만 우리는 그것이 고통과 윤회가 끝나는 지점임을 확신할 수 있다.

> ### 4. 길(magga)에 대한 진리
>
> 오, 비구들이여! 이것은 고통의 소멸에 이르는 길에 대한 진리이다. 그것은 성스러운 여덟 가지 길이니, 1) 바른 견해, 2) 바른 결심, 3) 바른 말, 4) 바른 행동, 5) 바른 생활, 6) 바른 노력, 7) 바른 마음챙김, 8) 바른 명상이다.

넷째의 성스러운 진리인 도성제(道聖諦), 곧 길(magga, 산스끄리뜨 mārga)에 대한 진리는 윤회(saṃsāra)로부터 열반으로 옮겨가는 것이 어떻게 이루어지는지를 설명한다. 일상의 혼잡 속에서는 살아가는 데에 가장 만족감을 주는 길이 무엇인지에 대해서 잠시 멈추어 숙고해보는 이가 거의 없다. 이런 종류의 질문들은 당시의 그리스나 인도의 철학자들이 던졌던 것인데, 붓다 자신도 그러한 질문에 기여한 바가 있다. 그는 최고의 인생은 덕과 지혜가 개발되는 삶이라고 보았고, 여덟 가지 길〔팔정도八正道〕은 그것들이 결실을 맺게끔 고안된 삶의 방식을 제시해준다.

여덟 가지 길은 그것이 탐닉의 삶과 극심한 고행의 삶 사이에서 방향을 잘 조정하여 나아가기 때문에 '중도'로 알려져 있다. 그것은 도덕〔계戒〕, 명상〔정定〕, 지혜〔혜慧〕의 세 가지 범주로 구분되는 여덟 가지 요소들로 이루어져 있는데, 인간적 선(善)의 한계를 규정하고 인간이 번영하게 될 범위가 어디에 놓여 있는지를 가리킨다. '도덕(sīla)'으로 알려진 부문을 통해 도덕적 덕성들이 완전해지며, '지혜(paññā)'라고 알려진 부문을 통해 지적인 덕성들이 개발된다. 명상의 경우는 어떠한가? 제7장에서 명상의 역할에 대하여 좀더 자세하게 검토할 것이므로, 여기에서는 그것이 나머지 두 가지를 지탱한다는 점에 주목할 뿐, 많은 것을 언급하지는 않을 것이다.

이 '길'은 여덟 요인으로 구성되어 있지만, 그것들을 열반을 향하는 길에서 거쳐가고 그다음에는 버려버리는 그런 단계들로 생각해서는 안 된다. 그 여덟 요인은 대신에 어떻게 해서 도덕, 명상, 지혜가 지속적으로 닦이게 되는지를 보여준다. 먼저 **바른 견해(정견正見)**는 불교의 가르침들을 받아들이고, 나중에 그것들을 경험적으로 확증하는 것을 의미한다. **바른 결심(정사유正思惟)**은 바른 태도를 기르기 위하여 진지하게 몰두하는 것을 의미한다. **바른 말(정어正語)**은 진실을 말하고, 사려 깊고 세심하게 말하는 것을 의미한다. **바른 행동(정행正行)**은 살인, 절도와 같은 잘못된 신체적 행위나, 감각적 쾌락에 대한 잘못된 행위를 삼가는 것을 의미한다. **바른 생활(정명正命)**은 다른 이들에게 해를 끼치는 직업에 연루되지 않는 것을 의미한다. **바른 노력(정정진正精進)**은 자신의 생각을 통제하고 긍정적인 상태의 마음을 닦는 것을 의미한다. **바른 마음챙김(정념正念)**은 알아차림을 끊임없이 닦는 것이고, **바른 명상(정정正定)**

1	바른 이해	지혜
2	바른 결심	(paññā)
3	바른 말	도덕
4	바른 행동	(sīla)
5	바른 생활	
6	바른 노력	명상
7	바른 마음챙김	(samādhi)
8	바른 명상	

팔정도와 세 가지 부문

은 마음을 집중시키고 인격을 통합하는 다양한 기법을 통해 깊은 수준의 정신적 안정을 개발하는 것을 의미한다.

이런 점에서 여덟 가지 길의 수행은 일종의 모범 형성(modelling)의 과정이다. 그 여덟 요인은 붓다가 어떻게 살고, 붓다처럼 삶으로써 한 개인이 어떻게 해서 점차 붓다가 되어가는지를 드러내는 것이다. 따라서 여덟 가지 길은 자기혁신의 길, 다시 말해서 한 개인이 이기적이고 제한된 목표들에 사로잡혀 있다가 완성을 위한 여러 가지 가능성과 기회들이 펼쳐진 지평을 향하도록 방향이 재설정되는 지적·정서적·도덕적인 재구조화인 것이다. 지혜(paññā)와 도덕적 덕성(sīla)을 추구함으로써 무지와 이기적 욕망이 극복되고, 고통이 발생하는 원인이 제거되며, 열반이 얻어지는 것이다.

제 5 장

대승(大乘)

　붓다는 어떠한 후계자도 지명하지 않았고, 그를 따르는 이들에게 스스로 다르마를 해석하도록 내버려두었다. 오래지 않아 먼저 승단의 수행의 문제들에 대한, 나중에는 교리에 대한 불일치가 빚어지게 되었는데, 어떤 중심적 권위가 없는 상태에서 이런저런 전통들이 다양하게 발달하는 것은 거의 불가피한 일이었다. 붓다가 죽고 나서 100년쯤 뒤에는 '상좌부(上座部, Sthavira)'라고 불린 집단과 '대중부(大衆部, Mahāsaṅghika)'라고 알려진 또다른 집단 사이에서 가장 심각한 불일치가 빚어졌다.

근본 분열

이 두 집단은 무엇을 둘러싸고 이견을 보였던 것일까? 여러 가지 기록들은 상충되는 설명을 제시한다. 어떤 기록은 그 분열을 아라한에 대한 붓다의 상대적 지위와 관련된 교리적 논쟁에서 기인하는 것으로 본다. 그 사건과 관련된 설명에 따르면, 마하데와(Mahādeva, 대천大天)라고 불리는 한 비구가 '다섯 논제'를 주장하였는데, 갈망을 완전히 없애지 않았다는 등의 몇 가지 점에서, 그리고 당시 붓다가 가지고 있다고 주장되었던 전지(全知)를 결여하고 있다는 점에서 아라한은 붓다보다 열등함을 시사했다(붓다 자신은 그러한 주장을 하지 않았다). 그러나 그 분열이 일어난 가장 그럴싸한 이유는 상좌(上座)들이 추가적인 행동 규칙들을 도입함으로써 승가의 규칙(계율)을 수정하려고 했기 때문인 것으로 보인다.

그러한 분열의 이면에는 불교가 그 발상지를 넘어서 인도의 다른 지역으로 확산되기 시작하면서 생긴 좀더 일반적인 압박과 제약들이 놓여 있었다. 그 영향력이 확대되면서 불교는 새로운 관습과 사상들의 도전을 받게 되었는데, 그렇다면 거기에 어떻게 대응해야 했을까? 과거의 방식을 고수해야 했을까, 아니면 새로운 신앙과 수행법들을 받아들여야 했을까? 결국에는 여러 문제들에 대하여 의견이 갈리었고, 두 집단은 '근본 분열(Great Schism)'이라고 알려지게 된 사건을 통해 각자의 길을 가게 되었다. 시간이 지나면서 상좌부와 대중부는 다수의 분파(分派)들로 파편화되었다. 상좌부 전통을 이어받은 테라와다(Theravāda)를 제외하고는 그들 모두가 이후에 사라져버렸다. 그러나 이러한 초기 학파들 중 다수는 대승으로 알려지게 된 새로운 혁신적 종교운동에 기여하면서 유산을 남겼다.

대승: 새로운 강조점

대승(大乘)은 '큰 수레'를 뜻하며, 구원을 위한 보편적인 길로 자처했기 때문에 그렇게 불리게 되었다. 이 운동의 초기 형성기는 대략 그리스도의 시기에 해당하며, 거칠게 추산하면 기원전 100년에서 기원후 100년 사이가 된다. 기독교와 불교 사이에서 어느 쪽이 다른 쪽에 영향을 주었는가에 대한 확고한 증거는 없지만, 기독교와 대승불교 사이에는 주목하면 도움이 될 만한 유사점이 약간 있다. 첫째는 구원자의 개념과 관련된다. 기독교가 다른 이들을 위한 기독교적 봉사의 모델로서 그리스도의 자기희생을 높이 사는 것처럼, 대승에서 최고의 이상은 세상의 행복을 위해 헌신하는 삶이다. 초기의 가르침들이 조언하는 것처럼 자기 자신의 구원을 추구하는 것보다는 대승은 다른 이들을 구원하기 위해 애쓸 것을 무척 강조한다. 이는 보살(菩薩, bodhisattva)의 이상으로 표현되는데, 보살은 셀 수 없는 삶에 걸쳐 지치지 않고 다른 이들을 열반으로 인도하겠다는 서원을 한 자이다. 대승에만 한정되는 것은 아니지만, 보살의 길은 이제 모두가 따라야 하는 구원을 위한 보편적인 길로서 중심적 역할을 하게 된다. 엄밀히 따지자면 대승을 따르는 모든 이가 보살이 되지만, 대부분의 경우 이는 어디까지나 그들의 오랜 기간에 걸친 영적 개발의 출발점에 지나지 않는다. 보살의 이상이 너무나 중요하였기에 특히 초창기에 대승은 단지 '**보살승(bodhisattva-yāna)**', 곧 '보살의 수레'로 알려지게 되었다.

다른 이들에 대한 봉사라는 이상과 연결되는 것은 무아(無我, selfless)의 사랑이라는 개념이다. 예수는 그의 가르침에서 사랑(agapē)을 크게 부각시켰는데, 대승에서는 자비(karuṇā)에 중심적 지위가 부여되었다. 참으로 보살로 하여금 자기 자신을 다른 이들을 위해 희생하도록 촉진하는 것은 그들의 고통에 대한 자비인 것이다. 물론 보살은 그리스도가 그랬던 것처럼 다른 이들을 '대속(代贖)'할 수는 없다. 대신에 그는 여러 존재들에게 '좋은 친구〔선지식善知識〕'가 되기 위해 노력한다. 그는 모범이 됨으로써, 그들의 고통을 실용적인 방법으로 줄여줌으로써, 그들을 격려하고 도와줌으로써, 나아가 그들에게 해탈에 이르는 길을 가르쳐줌으로써 그들을 돕는 것이다.

붓다에 대한 새로운 관념들

보살의 이상이 더욱 전면에 드러나게 되면서, 붓다는 좀더 고원(高遠)한 인물이 되어버렸다. 대승이 등장했을 무렵은 이미 붓다가 죽은 지 수 세기가 지난 뒤였고, 그의 삶에 대한 이야기들이 더욱 과장되고 윤색되었기에, 그는 반신적(半神的, semi-divine) 존재로 여겨지기에 이르렀다. 이러한 신비로움은 마지막 열반에서의 그의 지위를 둘러싼 모호함에 의해 고조되었다. 상좌들은 비록 그가 이 세계를 넘어서 마지막 열반에 들었다고 가르쳤지만, 그를 초월적 영역에 존재하는 것으로 생각하는 것 또한 가능했던 것이다. 대승을 따르는 이들은, 붓다처럼 자비로운 존재는 자기 자신을 다른 이들로부터 떼어놓지 않을 것이라고 논했다. 그들은 그런 존재가 '저편' 어딘가에 여전히 있으면서, 지상에서 행했던 것처럼 온갖 존재들의 안녕을 위해 열심히 활동하고 있다고 믿었던 것이다. 이러한 믿음과 궤를 같이하여 그에게 존경과 숭배를 바치고 간구(懇求)하는 봉헌(奉獻)적 신앙도 생겨났다. 보살이 인류에게 사랑과 봉사를 펼친다는 점에서 그리스도와 닮았다면, 붓다는 자애롭고 초자연적인 존재로서 이 세상에 있지 않고 천상의 영역에 가까운 어딘가에 있으면서 그의 자식들의 안녕에 대해 아버지로서의 간절한 관심을 가지고 있는 하느님 아버지(God the Father)를 닮게 되었다.

  결국 이러한 관념들은 만개(滿開)한 대승적 우주론과 새로
운 '불신론(佛身論, Buddhology)'을 탄생시켰는데, 이는 붓다
를 '세 개의 몸(삼신三身, trikāya)'을 가진 존재로, 또 동시에 세
개의 차원에(지상에, 천상에, 그리고 초월적으로) 존재하는 것으
로 그렸다. 지상(地上)의 몸(화신化身, nirmāṇakāya)은 그가 지
상에서 가진 인간의 몸이었다. 그의 천상(天上)의 몸(보신報身,
sambhogakāya)은 우리가 살고 있는 세상으로부터 '상류의' 어
딘가에 있는 축복받은 영역에 자리했는데, 이는 기독교의 천
국과 다르지 않다. 초월적 몸(법신法身, dharmakāya)은 궁극적
진리와 동일한 것으로 여겨지는 붓다였으며, 어떤 점에서는
기독교의 신비주의자나 철학자들이 신을 절대적 또는 궁극적
실재라고 말하는 방식과 다르지 않다(대승의 학파들은 이런 용
어들을 다양한 방식으로 이해한다). 기독교의 교리와 유사한 점
으로서 마지막으로 언급할 만한 것으로는 점점 더 유행하게
된 어떤 믿음을 들 수 있다. 이는 심판의 날에 '재림(再臨)'이
있게 되는 것처럼, 미륵(Maitreya)으로 알려진 붓다가 현겁(現
劫)이 끝날 때 출현하고, 그 시기에는 수많은 사람들이 깨달음
을 얻는 유토피아가 펼쳐질 것이라는 믿음을 말한다. 이러한
개념(이는 테라와다 불교에서도 발견된다)은 많은 메시아 신앙의
토대가 되었는데, 이 신앙은 북아시아와 남아시아 전역에서
산발적으로 유행하였다.

법신(dharmakāya)
궁극적 진리와 동일한 붓다

보신(sambhogakāya)
빛나는 천국에 자리한 붓다의 '천상의 몸'

화신(nirmāṇakāya)
붓다의 지상의 몸. 어떠한 인간 존재의 몸과도 유사한
육체적이고 생멸하는 몸

붓다의 '삼신(三身, trikāya)'

대승의 홍기와 함께 불교에서 일어난 이러한 분열이 가지는 의미는 라틴 기독교가 가톨릭과 개신교로 갈라졌을 때인 종교개혁 시기에 빚어진 분열과 다르지 않다. 양쪽의 분열 모두 종교적 풍경에 지속적인 흔적을 남겼는데, 기독교인들이 스스로를 가톨릭 아니면 개신교 신자 둘 중 한쪽과 동일시하는 것처럼 불교도들은 스스로를 대승불교도 아니면 테라와다 신자 둘 중 한쪽과 동일시한다. 또한 개신교와 초기불교 모두 구원을 주로 개인의 책임으로 보지만, 가톨릭(정교회들도 유사함)과 대승불교는 조력과 간청은 성인과 보살이라는 대리인들을 통해서 가능하다는 것을 받아들인다는 점에서 교리적 유사성도 있다. 많은 차이점들도 있기 때문에 이러한 비교를 너무 멀리 끌고 가는 것은 현명하지 못할 것이다. 예컨대 대승은 처음에는 느슨한 운동의 성격을 띠고 있었고, 종파의 노선을 따라 조직화되지도 않았다. 대승을 따르는 이들과 다른 종파들 사이에 근본적인 분리가 이루어지지도 않았고, 대중부에서 수계를 받은 승려들 또는 심지어 상좌부 전통으로부터 갈라진 여러 부파의 승려들이 대승에 공감하지 않는 신자들과 함께 살아가면서도 정작 스스로는 대승에 공감하는 경우도 드물지는 않았다.

대승의 경전들

대승의 핵심은 기원후 처음 수 세기 동안 출현한 일련의 새로운 경전들이다. 빨리어 정전에 포함된 초기의 경전들이 붓다 본인의 말씀으로 믿어졌다면, 새로운 경전들은 그 창시자에게 쉽사리 귀속될 수 없었다. 이 문헌들은 모두 저자가 명시되지 않은 채 만들어졌고 종종 여러 사람의 손에 의해 만들어진 흔적도 보이는데, 그럼에도 불구하고 환상적이고 영감이 깃들어 있는 것처럼 보였기 때문에 대단한 권위를 부여받게되었다. 더욱이 대승의 새로운 우주론은 붓다의 지혜가 우주의 더 높은 층위에서 아래로 인간의 영역으로 계속해서 퍼져나오고 있으므로 붓다가 새로운 경전들의 인간 저자는 아닐지라도 적어도 영적인 존재이긴 하다고 주장할 수 있게 만들었다.

『법화경』(기원후 200년경)과 같은 주요 대승 경전들은 초기 불교의 역사에 대한 과감한 수정에 착수하고 있다. 본질적으로 그 경전들은 비록 역사적 붓다가 보통 사람처럼 살다가 죽은 것처럼 보이지만, 그가 실은 아득한 옛날에 깨달음을 얻었다고 주장한다. 그러나 현명하고 자비심 넘치는 스승으로서 그는 당시 사람들이 기대하는 바를 수용하기 위해 스스로를 정교하게 가장(假裝)해왔던 것이다. 경륜 많은 스승이 이제 막 수학 공부를 시작한 학생에게 미적분학과 같은 고차원적인

카로슈티의 단편들

지난 반세기 동안 학자들은 인도 북서부의 간다라 지역에서 사라져버린 불교 경전의 존재에 관하여 이런저런 억측을 해왔다. 영국도서관이 1994년에 두루마리 13개 분량의, 자작나무 껍질로 만들어진 경전들(패엽경貝葉經)의 단편(斷片, fragment) 29종의 수집본을 확보함에 따라 그 사라진 불교 경전이 존재했음이 결정적으로 입증되었다. 그 문헌들은 거의 2천 년 동안 진흙 항아리에 담겨 있었고, 현존하는 가장 오래된 불교(그리고 남아시아) 사본(寫本, manuscript)이 되었다. 그 항아리가 발견된 정확한 장소는 알려지지 않았지만, 아마도 동부 아프가니스탄 잘랄라바드 근교의 고대 사원 건물터인 하다(Haḍḍa) 또는 그 근처였을 것이다. 그 항아리에는 법장부(法藏部, Dharmaguptaka)로 알려진 중요한 초기 학파의 스승들에 대한 헌정사(獻呈辭)가 새겨져 있는데, 이는 그 사본들이 법장부 사원의 서고에서 나왔음을 함의한다. 그 문헌들이 작성된 언어는 간다라어(Gāndhārī)이고, 거기에 기술된 문자는 카로슈티(Kharoṣṭhī)이다. 이런 이유로 그 문헌들은 종종 '카로슈티 단편들' 또는 '카로슈티 사본들'로 불린다. 더욱이 상이한 시기들의 간다라어 단편들도 다른 수집본 안에 남아 있어서 흥미로운 비교 자료를 제공한다.

불교미술과 문화는 간다라 지역(오늘날 파키스탄과 아프가니스탄 일대에서 기원전 3세기 이후 약 800년 동안 번성하였다. 대략 기원전 100년에서 기원후 200년에 이르는 그 절정기에 간다라는 부유한 왕국들의 번영하고 명성 있는 수도였으며, 아마도 고대 세계에서 가장 중요한 불교 중심지였을 것이다. 핵심적인 교역로들이 양쪽에 걸쳐 있었기에 간다라는 불교가 인도로부터 중앙아시아와 중국으로 전파되는 과정에서 주된 관문 역할을 했다. 그 지역은 오래도록 고고학적 유물이나 비문(碑文), 예술작품들을 풍부하게 간직하고 있었지만, 최근에 이르기까지 그 지역의 문헌 목록에 대해서는 거의 알려진 것이 없었다. 초기불교 이해에서 카로슈티 수집본의 중요성은 기독교에서의 사해 문서(Dead Sea Scroll)의 중요성에 견줄 만하며, 학자들도 초기불교의 가르침의 발달과 전파에 대해 그들이 가정해왔던 많은 것들을 재고(再考)하기 시작했다. 그리하여 이제는 그 문헌들이 '사라진 연결고리'를 형성하는 것으로 여겨지게 되었는데, 이는 불교 문헌의 중국어 번역본들 중 다수가 그것에 대응하는 산스끄리뜨나 빨리어 판본과는 대조적으로 간다라어 번역본에 더 가깝기 때문이다. 그런 문헌들의 다수가 이제 영국도서관과 워싱턴대학이 진행한 프로젝트의 일부로서 출간되었으며, 또한 현존하는 다른 시기들의 여타 단편들과 더불어 문자로 기록된 불교 정전들의 역사적 발달, 표준화, 그리고 전파에 대한 새로운 통찰들을 제공하고 있다.

주제를 가르치지 않는 것처럼, 붓다는 오직 제한된 가르침들, 곧 초기 제자들이 완전하게 소화할 수 있을 것으로 알았던 정신적 기본만을 보여주었다. 왜냐하면 이제 대승에서 온전히 드러나게 된 다르마의 참된 깊이와 범위는 측정할 수 없을 만큼 심오하였기 때문이다. 붓다는 단순화된 형태로 그 진리를 그들 앞에 제시하고자 했으며, 따라서 사람들을 혼란스럽게 하고 압도하기보다는 '숙련된 수단(선교방편善巧方便, upāya-

9. 아쇼까왕의 전설을 전하는 6세기 산스끄리뜨 패엽경 사본.

kauśalya)'을 썼던 것이다.

『법화경』에는 유명한 구절이 있는데, 불타는 집의 우화(화택유火宅喩)는 아이들이 머물고 있는 집이 화염에 휩싸여 있음을 보고서 그들을 안전하게 구할 최선의 방법을 짜낸 현명한 부모에 붓다를 비유한다. 놀이에 열중한 그 아이들은 자신이 처한 위험을 알아차리지 못한 채 집을 떠나기를 꺼린다. 이에 붓다가 아이들에게 바깥에 새로운 장난감이 기다리고 있다고 약속하자, 신이 난 아이들은 그를 따라 밖으로 나와서 화염으로부터 구조된다. 이 우화에서 불타는 집은 윤회(saṃsāra), 곧 고통과 무상함의 세상을 상징하고, 아이들은 초기의 제자들인 셈이다. 그들은 유치하고 자신에게 푹 빠져 있으므로, 붓다는 그들이 매력적이라고 느낄 법한 가르침들을 약속함으로써 그들에게 호소하는 것이다. 그러나 아이들이 눈앞의 위험에서 구조되었으므로 완전한 진리가 드러날 수 있게 되었다. 따라서 대승의 관점은 초기의 교리들이 비록 거짓은 아닐지라도 불완전하며, "다르마의 바퀴를 두번째로 돌리는 것"이 그들이 완전해지기 위해서 필요하다는 것이다. 대승 경전들은 종종 초기의 학파들을 조롱하는데, 이 학파들에 대해서 대승은 경멸적으로 '소승(小乘, Hīnayāna)', 곧 '열등한 수레'라고 명명하였던 것이다. 매우 인기 있는 『유마힐소설경維摩詰所說經』과 같은 대승 경전들은 고작 재가자(再家者)에 지나지 않는 유마힐(Vimalakīrti)이 더 높은 대승의 가르침을 장난치듯이 드러내자 초기 전통의 학식 있는 승려들이 그 앞에서 당황하는 모습을 그리고 있다.

대승을 따르는 이들이 종교적 수행을 통해 추구했던 것은 다름 아닌 보살의 길을 따르는 것이었다. 수 세기에 걸쳐서 어느 정도 자세하게 보살의 '이력'에서의 다양한 단계들이 형성되었다. 중대한 첫 단계는 바로 '깨달음에 대한 생각' 또는 보리심(菩提心, bodhicitta)으로 알려진 것을 일으키는 것이다. 개종(改宗)의 경험에 견줄 수 있는 그것은 다른 이들을 구제하고자 보살이 되려고 마음먹는 처음의 동기가 싹트는 지점이기도 하다. 따라서 그 개인은 보살로서 입문(入門)하기를 구하게 되고, 그 과정에서 시간이 얼마나 걸리든 상관없이 모든 살아 있는 것들을 열반으로 이끎으로써 그들을 구제하겠다는 서원(誓願, praṇidhāna)을 하게 된다.

보살 수행에서 핵심적인 것은 여섯 가지 완벽함〔육바라밀六波羅密〕이라고 알려진 여섯 가지 덕이다(아래의 글상자 참조). 보살은 이 완벽함을 닦으면서 열 단계〔지地, bhūmi〕의 수행 체계를 거치게 되는데, 그 각각의 단계는 열반에 이르는 길에서 주요한 전기(轉機)가 된다. 일곱째 단계에 이르기만 하면 퇴보하기가 불가능하며, 그가 열반에 이르게 될 것은 분명해진다. 비록 이러한 도식이 초기의 가르침을 재구성한 것이긴 해

> **대승의 덕들**
>
> 보살의 여섯 가지 완벽함(바라밀다波羅密多, pāramitā)은 다음과
> 같다.
> 1) 너그러움(보시布施, dāna), 2) 도덕성(지계持戒, śīla), 3) 인내(인
> 욕忍辱, kṣānti), 4) 용기(정진精進, vīrya), 5) 명상(선정禪定, samādhi),
> 6) 지혜(반야般若, prajñā)

도 열반을 향한 새로운 길은 팔정도에서 가르친 것과는 근본
적으로 다른데, 후자에서의 세 가지 구분들(도덕, 명상, 지혜)이
여섯 가지 완벽함에 들어 있다는 점에서 이를 알 수 있다.

수행 과정에서 상위의 단계에 도달한 보살들은 엄청나게
강력한 존재들로 그려져 있는데, 이들은 천상에 있는 붓다와
사실상 같아진다. 참으로 붓다와 뛰어난 보살의 구분은 극히
모호해져버린다. 이러한 '천상의' 보살 구성원들 중 가장 중
요한 두 명은 관자재(觀自在, Avalokiteśvara) 또는 관세음(觀世
音), 곧 '(자비심으로) 세상을 굽어보는 주(主)'(아래의 도판 참
조)와 문수사리(文殊師利, Mañjuśrī), 곧 '온화한 영광(묘길상妙
吉祥)'이다. (티베트의 달라이 라마가 그의 화신이라고 하는) 전자
는 자비(karuṇā)의 전형이며, 후자는 지혜(prajñā)를 나타낸다.
관자재는 많은 팔을 가지고 있고 고통받는 존재들을 돕기 위
해 그 팔을 뻗는 것으로 그려져 있는 반면, 문수사리는 지혜

의 불로 타오르는 칼을 가지고서 어리석음을 찌르고 있다. 이와 함께 붓다와 보살들로 충만한 신전(神殿)이 나타나게 되는데, 이들은 보이지 않는 장엄한 우주에 살고 있는 것으로 여겨진다. 우리의 세계체계[법계法界]가 붓다의 은총을 받고 있는 것처럼 다른 세계들도 그러했다고 가정하는 것은 불합리하지 않은 것처럼 보인다. 따라서 대승은 이런 가상적인 붓다들에 대한 이름과 특성들을 지어내었고, 그들을 장대한 붓다의 영역[불국토佛國土]에 자리잡게 하였다. 다섯 붓다의 '가족'이 표준이 되었는데, 이는 종종 만달라(maṇḍala)로 알려진 원형(圓形)의 신비한 도상(圖像)으로 묘사된다. 이런 색채감 있는 도상들에서의 일반적 배치는 역사적 붓다인 석가모니(Śākyamuni, 빨리어 Sakyamuni)를 원의 중앙에 배치하고, 네 명의 비역사적인 붓다들을 그를 둘러싸고 북, 남, 동, 서에 배치하는 것이다.

서쪽에 자리한 붓다는 아미타불(阿彌陀佛, Amitābha, '무한한 빛[無量光]'을 뜻함)로 알려져 있다. 동아시아 불교에서 그는 그의 거주처로 여겨진 장엄한 천국 또는 '정토(淨土)'를 중심으로 발달한 대중 신앙의 중심이 되었다. 아미타불(일본에서는 '아미다'로 알려짐)은 만약 스스로 깨달음을 얻게 되면 그의 이름을 믿음의 정신으로 부르는 이라면 누구든지 도와주겠다는 서원을 세웠는데, 이를 위해 그는 그들이 '극락(極樂,

10. 자비의 구현, 관세음보살. 이 보살의 많은 팔은 그의 자비를 상징한다. 그가 뻗은 팔은 염주와 연꽃을 들고 있다. 때때로 그는 천 개의 팔과 얼굴을 가지고 나타나는데, 이는 그의 자비심이 보편적이고 다함없음을 가리킨다. 내몽고 차하르, 1700년경.

Sukhāvatī)'으로 알려진 그의 정토에 다시 태어날 것임을 보장하였다. 기원후 몇 세기 동안에 일어난 이와 같은 (교리적·신앙적) 발달로 인해 대승은 구원이 개인의 책임이라고 하는 붓다의 원래 가르침으로부터 다소 벗어났고, 믿음과 은총에 의해 그것을 얻을 수 있다는 생각까지도 거의 받아들였음이 분명하다. 그러나 이런 종류의 관념들이 발달한 정토종에서도 아미타불의 서쪽 천국(서방정토西方淨土)을 열반과 동일한 것으로 보지는 않았으며, 그곳에 다시 태어난 사람이라 하더라도 스스로 깨달음을 얻기 위해 최종적인 노력을 기울여야 하는 것이다.

철학적 발달

새로운 경전들이 늘어나면서 불교의 스승들은 주석서와 논서들을 짓기 시작했고, 그 안에서 대승의 믿음들에 대한 철학적 근거를 제시하였다. 이런 철학자들 중 가장 유명한 이는 나가르주나(Nāgārjuna, 용수龍樹)였다. 그는 기원후 150년경에 살았고, 마디야마까(Madhyamaka), 곧 '중관학파(中觀學派)'로 알려진 학파를 창시하였다. 그는 '중도'라는 전통적인 개념을 세련된 변증법적 방법으로 사용하였고, 그렇게 하면서 초기 가르침들 중 몇 가지에 함축된 것들로부터 논리적 귀결이 도출되도록 밀고 나아갔다. 4장에서 집성제를 다루면서 의존적 발생(origination-in-dependence), 곧 연기(緣起)의 교리를 언급한 바 있다. 아비담마(Abhidhamma, '더 높은 다르마'라는 뜻)로 알려진 초기 테라와다의 교학(敎學) 전통(scholastic tradition)에서는 이 교리를 그들이 '다르마'라고 부른, 실재의 요소들의 생성과 파괴를 지칭하는 것으로 이해하였다. 다르마는 모든 현상들이 그로부터 만들어지게 된 기본 토대(building block)들로 생각되었고, 그것들은 무상하지만 그러면서도 실재적인 것으로 여겨졌다. 이에 기초하여 책상이나 의자와 같은 사물들은 그 자체의 지속적인 성질을 지닌 개체라기보다는 요소들의 복합체로서 분석되었다. 예컨대 의자는 어디까지나 다리, 앉음판, 등받이로 이루어진 것으로 볼 수 있고, 이 부분들을 넘어선 '의자'는 없는 것이다.

　그러나 나가르주나는 연기의 교리를 좀더 근본적인 방식으로 해석했다. 그는 다르마들은 한낱 무상할 뿐만 아니라 어떠한 본질적 실재성도 없다고 가르쳤다. 그는 책상, 의자, 산, 사람 등 모든 현상들은 어떠한 실재적 존재에 대해서건 '**공(空)하다**'라고 말함으로써 이를 요약하였다. 하지만 이는 허무주의(nihilism)의 교리가 아니라고 중관학파는 강하게 주장하였다. 그 가르침은 사물들이 존재하지 않는다는 것이 아니라, 단지 사람들이 흔히 간주하는 것과 같은 방식으로 독립적 실재로서 존재하는 것은 아니라고 주장한다. 중관학파는 현상의 참된 상태는 존재와 비존재의 중간과 같은 어떤 것이라고 주장했고, '중도'에 대한 이런 해석으로부터 자신들의 학파 이름을 끌어오게 된 것이다.

이러한 노선의 사고는 또 한 가지 중요한 함의를 지니는데, 곧 열반과 주기적 재생, 다시 말해서 윤회(saṃsāra)의 영역 사이에는 어떠한 차이도 없다는 것이다. 만약 모든 것이 실재적 존재를 갖고 있지 않다면, 나가르주나가 논한 것처럼 깊은 의미에서 모든 것은 동일한 토대 위에 있는 것이다. 따라서 무슨 근거로 열반과 윤회 사이를 구분할 수 있겠는가? 사물들이 모두 궁극적으로는 '공'하기 때문에 그 자체에서는 어떠한 차이도 발견될 수 없다. 그러므로 차이라는 것은 그것들에 대한 우리의 지각 속에 있음이 틀림없는 것이다. 이와 관련하여 황혼 녘에 밧줄이 감겨 있는 것을 뱀으로 착각하여 공포에 사로잡힌 사람의 사례가 제시되었다. 그가 자신의 실수를 알아차리면 그의 공포는 잦아들고 도망가려 했던 욕망도 사라질 것이다. 그렇다면 해탈을 위해 필요한 것은 불완전한 실재(윤회)로 추정되는 것으로부터 좀더 나은 것(열반)으로 도피하기보다는, 나가르주나가 논한 것처럼 본질적으로 바른 견해를 가지는 것, 곧 사물을 있는 그대로 보는 것이다. 따라서 열반은 중관학파에 의해 어리석은 자가 윤회라고 보는 것에 대한 정화된 통찰(purified vision)로 재해석되고, 우리가 보기만 하면 지금 여기에 열반이 있다는 주장이 도출된다. 영적인 무지[무명無明, avidyā]를 제거하고 사물들이 공함을 깨닫는 것은 우리가 그것들에 대해 가지고 있는 두려움이나 갈망을 부수어버린다. 나가르주나와 그를 따른 이들은 이러한 개념들을 묶어 '공의 교리(śūnyatāvāda)'라고 불렀고, 그것은 셀 수 없는 주석서와 논서들이 만들어지도록 영감을 불어넣었다.

공의 교리 외에도 더 복잡한 철학적 체계들이 많이 등장했는데, 예컨대 '마음뿐'이라는 가르침, 곧 유식(唯識, citta-mātra)과 같은 것은 의식을 유일한 실재로 보고 물질적 대상들의 객관적 존재성을 부인하는 관념론(idealism)의 형태를 취하고 있다. 명상의 체험이 이 학파가 발달하는 데 중요한 역할을 했던 것으로 보이는데, 이는 이 학파의 또다른 명칭인 요가짜라(Yogācāra), 곧 '요가의 실천[유가행瑜伽行]'에서 볼 수 있다. 다만 여기에서는 이런 개념들의 복잡성이나 대승불교 사상 일반의 풍부함과 다양성에 대해 철저히 다룰 여유가 없으며, 이와 관련한 세부 사항에 대해서는 책 말미의 '독서안내'를 참고하기 바란다.

요약

붓다의 초기 가르침들이 때때로 근본적인 방식으로 재해석되기도 하였지만, 그중 어떤 것도 대승에 의해 거부되지는 않았다. 그들의 주장에 따르면, 대승은 스스로를 초기의 전통에서 간과된 가르침들의 참된 의미를 재발견한 것으로 보았다. 참으로 대승에서 발견되는 것 중 많은 부분은 새로운 것이 아니다. 예컨대 보살의 이상에 표현되어 있는 무아(無我)의 자비라는 개념은 이미 다른 이들을 향한 붓다의 봉사하는 삶에 분명히 나타나 있었다. 공의 교리는 태아(胎兒)적 형태로 무상과 무아의 가르침들에서 볼 수 있다. 마지막으로 좀더 높은 무아지경 상태에서 명상 수행자가 마음을 영롱하고 순수한 것으로 경험하는 것은 의식 그 자체가 현상 밑바탕에 놓인 실재라는 결론을 손쉽게 예상케 한다.

대승이 더욱 혁신적이었던 영역은 불신(佛身)에 대한 쇄신된 해석과 다양한 붓다와 보살들에 대한 봉헌적 신앙들에 있었다. 인도 북서부 지역은 대승의 초기 중핵이 되었는데, 학자들은 이러한 발전을 설명해줄지 모르는, 헬레니즘과 조로아스터교가 불교에 끼친 영향에 대해 이런저런 짐작을 해왔다. 이 지역은 아시아의 교역로를 통해 갖가지 상품 및 원자재들이 들어오는 과정에서 많은 관념들이 함께 흘러든 문화적 용광로였다는 것이다. 이런 짐작들은 흥미롭긴 하지만, 불교에서의 열렬한 신앙 운동이 급증한 것을 설명하기 위해 군이 외부의 영향이라는 개념을 실제로 언급할 필요까지는 없다. 우선 봉헌적 신앙은 인도 내에서도 성행했고, 힌두교의 신인 끄리슈나에 대한 숭배는 그리스도보다 수 세기 앞선 것이다. 또한 붓다나 다른 카리스마 넘치는 성인들에 대한 신앙의 조짐이 그보다 이른 시기에도 나타났다. 마지막으로 대승에서 붓다의 수가 급격하게 증가한 것은 역사적 붓다인 석가모니에 앞서 여섯 명(또는 스물 네 명)의 붓다들이 있었다고 하는 초기 전통에 의해 예견된 것이었다. 이런 모든 점을 감안할 때, 열렬한 신앙 운동은 초기의 가르침들에 함축된 여러 관념들이 도출되면서 이 장에서 언급한 다른 혁신들과 아울러 불교의 전개 과정의 어떤 주기에 자연스럽게 일어난 독자적 발달의 산물이었다.

제 6 장

불교의 확산

아쇼까

불교는 그 시작 단계부터 포교를 중시하는(missionary) 종
교였다. 붓다는 넓은 지역을 그의 가르침들을 전파하면서 돌
아다녔고, 제자들에게 다음과 같이 말하면서 그가 말한 대로
행동할 것을 명시적으로 당부하였다. "비구들이여! 가서 많
은 이들의 선과 행복을 위해 돌아다닐지어다"(S.iv.453). 불교
의 전파는 인도 역사상 가장 위대한 인물 가운데 한 명인 아
쇼까 마우리야(Aśoka Maurya)가 기원전 268년경 인도의 황제
에 오른 기원전 3세기에 상당한 추동력을 얻게 되었다. 아쇼
까는 정복을 통해 마우리야 왕국을 확장하여, 영국 식민지인
인도 제국(British Raj)이 수립되기 전까지 그것을 인도 최대
의 제국으로 만들었다. 오늘날의 오릿사 지역인 동부 해안에

서의 피비린내 나는 군사작전 뒤에 그는 회한(悔恨)을 느끼고 서 불교에 귀의하였다. 오랜 재위 기간 중의 나머지 시기 동안 그는 불교적 원칙들에 따라 통치하였고, 그의 후원을 받으면 서 불교는 번성하였다. 아쇼까는 불교가 인도 내에 확고히 자 리잡도록 도왔을 뿐만 아니라, 사절들을 근동과 마케도니아 통치자들의 궁정에 파견하였으며, 스리랑카의 연대기에 따르 면 그들을 동남아시아까지도 보냈다. 이러한 초기의 포교 활 동에 대한 기록이 아쇼까가 그의 왕국 곳곳에 남긴, 돌에 새 겨진 비문들에서 발견되는데, 이것들은 초기 인도의 역사에 대한 몇 가지 가장 믿을 만한 자료들을 제공한다. 당시의 포 교 활동들이 어떻게 펼쳐졌는지에 대해서는 확실하게 알려진 바 없지만, 서구의 문서에 남아 있는 불교에 대한 최초의 언 급이 기원후 2세기 알렉산드리아의 클레멘트(Clement)의 저 작들이라는 점에서 아쇼까가 서구에 파견한 전법단(傳法團) 은 별다른 영향을 끼치지 못했던 것 같다(인도의 'sarmanes'와 'samanaioi'에 대한 그보다 이른 시기의 고전적 언급들 역시 불교를 가리키는 것인지도 모른다).

인도에서의 불교

인도 본토에는 오늘날의 빠뜨나 지역에 가까운 날란다

(Nalanda)에 세워진 대학과 같은 여러 훌륭한 대학들이 세워졌으며, 이들 대학은 7세기에서 12세기 사이에 융성했다. 1만 명이나 되는 학생들이 그곳에 어느 때건 등록하여 불교의 여러 학문 분야, 예컨대 논리학, 문법학, 인식론, 의학, 중관 및 기타 철학 연구 등의 교과 과정을 밟고 있었다. 불교의 중요한 중심지는 멀리 남부와 북서부에도 생겼으며, 후자는 중앙아시아와 동북아시아로 가는 중요한 관문이 되었다.

비록 450년경 백훈족(White Huns)으로 알려진 중앙아시아 부족이 아프가니스탄과 인도 북서부의 불교 사원을 파괴한 탓에 쇠퇴하기도 했지만, 기원후 제1천년기의 전반부 동안 불교는 번영을 구가하였다. 그 후반부 동안에 불교의 운명은 쇠퇴와 번영을 오갔고, 그 시기가 끝날 무렵에는 불교가 인도에서 쇠퇴기에 들어섰다. 10세기 말에 북부 지역은 다시금 공격을 받았는데, 이때 침략한 이들은 투르크계 무슬림이었다. 그들은 오랜 기간 일련의 군사작전에 나서면서 인도의 북서부까지도 침입하여 불교의 오랜 본거지와 마주치게 되었다. 이러한 군사작전들은 전리품을 구하려는 욕망에 의해 촉발되고 지하드(jihad, 성전聖戰)라는 이상에 의해 정당화된 약탈의 형태를 띠었다. 무슬림은 불교도들을 '우상숭배자'라고 간주했는데, 그것은 불교도들이 사원을 붓다와 보살들의 성상(聖像)으로 꾸몄기 때문이다. 이에 예술작품들은 파괴되고 서고는 잿더미가 되고 말았다. 1192년에 투르크족은 북인도를 지배하였는데, 이는 델리 술탄 왕조(Delhi Sultanate)로 알려진 일련의 무슬림 왕조들 중 첫번째에 해당한다. 그 뒤로 수 세기는 16세기에 무굴족이 상대적 안정과 종교적 관용의 시기를 개시할 때까지 격동과 불확실성의 시대였다. 그러나 때는 이미 너무 늦어버렸다. 생겨난 모든 것은 또한 소멸할 것이라는 그 자체의 가르침의 진리를 보여주기라도 하듯, 불교는 그 탄생의 땅으로부터 거의 사라져버렸던 것이다.

아시아의 다른 지역에서 이루어진 불교의 역사는 편의상 북방과 남방으로 구분해 논의할 수 있을 것이다. 일반적으로 대승의 형태를 띤 불교는 북방에서, 상좌부의 전통은 남방에서 두드러지게 나타난다. 상좌부 전통의 12학파 중 오직 하나만이, 곧 테라와다로 알려진 학파만이 오늘날까지 존속하였으므로, 나는 이하에서 대승과 테라와다로 남아 있는 불교의 두 가지 주요 양상에 대해 말하고자 한다.

스리랑카

테라와다 불교가 우세한 남쪽의 국가들부터 시작하자면, 오늘날 스리랑카국의 본거지인 실론섬은 불교문화를 보존하고 발전시키는 데 결정적인 역할을 하였다. 그곳에 보존된 불교 연대기에 따르면, 불교는 기원전 250년 마힌다(Mahinda)라는 이름의 비구, 곧 아쇼까 황제의 사절에 의해 실론에 전해졌다. 마힌다와 그의 동료 비구들은 수도인 아누라다뿌라(Anurādapura)의 마하위하라(Mahāvihāra, '위대한 사원'이라는 뜻)에 승가 공동체를 세웠다. 빨리어 정전(正典)이 문자로 처음 기록된 것은 기원전 80년경의 스리랑카에서였는데, 이는 구두(口頭) 전승이 전쟁과 기근으로 인해 지속되지 못할 것이라는 우려 때문이었다.

그 섬의 가장 유명한 주민들 가운데 한 명은 인도 승려 붓다고사(Buddhaghosa)였는데, 그는 기원후 5세기에 이곳에 도착하였다. 붓다고사는 정전에 대한 초기의 주석들을 대조하여 편집하였고 그것들을 빨리어로 번역하였다. 그의 지위와 영향력은 그보다 조금 먼저 살았고 『성서』를 라틴어로 번역한 기독교 교부인 성(聖) 히에로니무스(347-420)에 비견될 만하다. 붓다고사가 지은 고전인 『위숫디막가Visuddhimagga』(청정도론淸淨道論, '정화의 길'을 뜻함)은 교리와 수행에 대한 개요서로서 테라와다 문헌에서 획기적인 것으로 남아 있다.

최초기부터 불교와 정치는 그 나라의 역사와 얽혀 있었고, 사원과 국가 또는 승가와 국왕 사이에는 밀접한 호혜적 관계가 있었다. 왕들은 승려들에 의해 축성(祝聖)을 받았고, 승려들은 조언자로서 봉사하면서 불교의 가르침들을 통치자를 위하여 풀이해주었다. 승려들은 오늘날까지 공적인 사안에서 상당한 영향력을 계속 유지해왔다. 스리랑카에서 불교는 역사상 몇 차례의 쇠퇴기를 겪었다. 종종 이러한 쇠퇴기는 인도 타밀족에 의한 것과 같은 침략이나 민중 봉기 이후에 나타났다. 몇몇 경우에는 승려들에 대한 수계(授戒)의 전통이 사라진 예도 있었는데, 그것을 재개하기 위해 1065년에는 미얀마에서, 그리고 이후 1753년에는 태국에서 승려들을 불러와야 했다. 스리랑카는 1948년에 영국의 손아귀에서 벗어났지만, 현대에는 줄곧 정치적 문제들과 싱할라족인 다수의 불교도들(대략 70퍼센트)과 북부의 소수 타밀족 사이에서 간간이 발생하는 내전에 시달려왔다. 때때로 불교 승려들은 그 분쟁을 성스러운 전쟁에 비유하면서 헌법을 차별적으로 개정하기 위한 운동을 벌임으로써 불난 집에 부채질을 하기도 하였다. 이는 S. W. R. D. 반다라나이케(1899-1959) 총리의 타밀족에 대한 입장이 지나치게 유화적이었다고 느낀 한 불교 승려가 그를 암살한 1959년에 극에 달했다. 2009년 싱할라족 정부군은 LTTE(Liberation Tigers of Tamil Eelam, 타밀 일람 해방 호랑이)를 격퇴하였으나, 최근 수십 년의 폭력과 정치적 소용돌이로 인해 이 나라는 상처 입은 채로 남아 있다.

동남아시아

동남아시아의 다른 중요한 테라와다 국가로는 미얀마(버마)와 태국(과거의 샴)이 있다. 테라와다 불교는 아쇼까왕의 전법단 중 하나에 의해 이 지역에 전해졌을 가능성이 있고, 기원후 이른 시기부터 원주민인 몬족 사이에서 존재감을 드러내고 있었다. 동남아시아는 전통적으로 문화적 영감을 얻으려고 인도에 의지했고, 불교와 힌두교 양쪽의 영향력이 그 지역 일대에서 강한 편이었다. 5세기에서 15세기까지 그 지역에서 크메르 제국은 강성한 통치력을 행사하고 있었는데, 여러 형태의 힌두교와 대승불교가 이 시기에 성행하였다. 미얀마의 연대기들은 붓다고사가 미얀마를 방문하여 빨리어 학문 전통을 세웠다고 주장한다. 그 이전에도 테라와다가 주도적이었을 것 같지만, 아나우라타(Anawrahta, 1044-1077)왕이 남부 지역을 정복하여 국가를 통일하고 테라와다를 따르겠다고 선언하기 전까지는 다양한 종파의 불교가 번성하였다. 몬족은 이어서 독립을 회복하였는데, 17세기에 이르러서야 완전히 복속되었다. 아나우라타의 수도 파간(Pagan, 바간)은 몽골에 의해 1287년에 약탈되고, 수천 기의 탑과 절들이 있던 도시는 버려졌다. 이러한 쇠퇴에도 불구하고 불교는 그 힘을 되찾아 번성하였고, 오늘날 인구의 약 89퍼센트가 테라와다 불교도이다.

　테라와다는 오늘날 태국으로 알려진 이웃 영토의 지역들, 그중에서도 하리푼자야(Haripuñjaya)의 몬족 왕국과 드와라와티(Dvāravatī) 왕국에 오래도록 뿌리를 내리고 있었고, 11세기에는 미얀마로부터 전법사들이 파견되었다. 몽골족에 의해 중국 땅에서 쫓겨난 타이(Thai)족은 13세기에 이 지역에 와서 그들이 북쪽에 있는 동안 친숙했던 대승과 같은 정교한 불교 형태들보다는 테라와다 전통이 자신들에게 더 적합하다고 느꼈다. 테라와다는 왕실의 후원을 받고 오래지 않아 그 경쟁자들을 대체하였다. 오늘날 태국 인구의 약 95퍼센트가 불교도이다.

　캄보디아, 라오스, 베트남의 불교 역사는 동쪽으로 갈수록 테라와다 불교가 대승적 형태들에 점차 자리를 양보하기는 해도 이질적이지는 않다. 이 지역에서는 테라와다, 대승, 그리고 토착 종교들이 융합하는 형태의 종교적 혼효가 풍부하게 발견된다. 불교는 그 전파 과정에서 기존의 신앙들을 없애지 않고 그것들을 지역의 신이나 정령과 함께 그 자체의 우주론 안으로 포용하려는 경향이 있다. 촌락 차원에서 불교도들이 질병을 고친다거나 결혼 상대를 찾는 등의 일상적 문제에 대해서는 지역 신들에 의지하여 해결책을 찾고, 인간의 운명에 대한 더 큰 질문들에 대해서는 불교에 의지하여 답을 찾는 광경을 흔하게 볼 수 있다.

토착적 신앙을 새로운 규약으로 뒤덮는(overcode) 이러한 패턴은 대승불교가 주류를 이루었던 북아시아에서도 발견된다. 대승불교는 중앙아시아 전역과 티베트, 중국, 일본, 그리고 한국에서 성행하였다. 여기에서는 중국, 일본, 그리고 티베트에서의 주된 발전 내용을 간략히 살펴볼 것이다.

중국

불교는 인도 북부에서 중앙아시아로 퍼져나갔고, 1세기 중반에는 중국에 도달하였다. 당시 후한(기원전 206-기원후 220)은 중앙아시아에서 중국의 힘을 공고히 다졌고, 중국에서 서역으로 사치품이 전해지는 주요 동맥인 실크로드를 오가던 대상(隊商)들과 함께 불교의 승려들이 일대를 여행하고 있었다. 실용적인 중국인들에게 불교는 기이하면서도 매혹적이었다. 중국의 주도적 이념은 유교로서, 이는 성인인 공자(孔子, 기원전 550-470)의 가르침들로부터 유래하는 사회적·윤리적 원리들의 체계였다. 어떤 문제에 대해서 불교는 유교적 가치들과 충돌하는 것처럼 보였다. 유교는 가족을 사회의 토대로 보았지만, 불교는 아들과 딸들에게 가족을 떠나 세상을 버리도록 부추겼기에 이 종교는 오늘날의 비주류 극단주의자들의 신앙만큼이나 의심을 사게 되었다. 더욱이 불교의 승가는

불교의 전파

세 가지의 주요한 충격파가 불교를 인도의 본향으로부터 다른 아시아 지역으로 옮겨갔다. 하나는 북쪽으로, 다른 하나는 동남쪽으로, 그리고 셋째는 극동으로 인도하였는데, 불교가 전파되는 주요 기제는 다음과 같았다.

1) 종교 및 외교 사절
2) 학자와 지식인들의 저작
3) 교역과 상업
4) 이민
5) 미디어와 통신망

1) 아시아의 여타 지역에서 왕들은 아쇼까의 전범(典範)을 따랐고, 승려들이 외교 사절을 수행하는 것은 관습이 되었다. 그리고 점점 더 많은 국가들이 불교를 수용하면서 그들은 다시 이웃 국가에 사절들을 파견하였다. 이런 식으로 해서 불교는 최상위층에서 받아들여지고 영향력 있는 엘리트들 사이에 전파되었다. 종종 성상(聖像), 서적, 그리고 그 밖의 종교적 물품들이 선물로 보내져서 그것을 받는 사람들 사이에서 호기심을 자극하였다. 불교가 일본의 왕실에 전해져 쇼토쿠(聖德) 태자(574-622)에 의해 열정적으로 수용된 것은 538년에 이런 부류의 사절이 한국으로부터 건너간 것이 계기가 되었고, 이러한 패턴은 다른 많은 경우에도 반복되었다.
2) 학자와 철학자들의 저작은 수 세기 동안 불교를 지적으로 역동적인 전통으로 만들었고, 아시아의 다른 지역의 사상가들에

게 흥미를 불러일으킨 풍부한 개념과 이론들의 유산을 불교에 제공하였다. 비록 어떤 가르침들은 구두 전승으로만 보존되기도 했지만, 그들의 노력은 주로 서적의 저술이라는 형태를 취하였다. 서적에 주석을 가하고 그것을 설명하거나 수수께끼 같은, 구전(口傳)된 가르침들을 설명하는 일은 그 주제에 대한 전문가적 지식을 갖춘 스승에게서 공부한 여러 세대에 걸친 학자들의 몫이었다. 또한 불교가 확산되면서 새로운 도전이 제기되었는데, 미묘한 인도의 철학 개념들을 그 서적을 작성한 언어들과는 다른 언어들로 번역하는 것이 그것이다. 불교의 저작들에 전제되어 있는 세계관을 공유하지 않은 사람들로 하여금 불교의 개념들을 이해할 수 있도록 해줄 적합한 어휘가 고안되기까지는 때때로 수백 년 동안의 작업과 많은 오해를 거치게 되었다. 불교 사상가들과 (중국 등의) 박학하고 세련된 문화권 출신의 사상가들 사이의 논쟁들은 종종 대론한 양편 모두를 풍성하게 만드는 문예부흥을 촉발하였다.

3) 불교가 전파된 주된 경로들 중 하나는 아시아를 육지와 바다로 가로지른 고대의 교역로였다. 승려들은 종종 오아시스에서 오아시스로 육로를 통해 여행할 때 대상(隊商)들과 동행하거나 바닷길을 통해 아시아의 연안 해역을 여행하였다. 이러한 길을 따라서, 특히 그 출발점과 도착점에 들어선 장터를 가진 도시들은 여러 인종과 나라의 사람들로 구성된 활기찬 공동체들을 맞이하였고, 이로 인해 여러 사상들이 빠르게 퍼져나갈 수 있었다. 부유한 상인들도 다수 있었는데, 그들에게는 새로운 신앙에 대한 호기심을 충족시킬 만한 여유가 있었고, 기부를 하고 종교 활동을 후원할 만한 자원도 있었다. 그들 중 일부는 독실한 신심

(信心)에서 또는 선행을 통해 업의 공덕을 얻으리라는 기대를 가지고서 불교의 후원자가 되었으며, 성소(聖所)를 짓거나 사원을 정초하고 유지하는 데 기여하였다. 또다른 이들은 장인(匠人)을 채용하여 불상이나 보살상, 돌이나 나무에 새긴 조각품, 그리고 동굴이나 성역(聖域)에 불교적 이미지로 장식된 것과 같은 종교 미술품을 생산하기도 하였다.

4) 역사를 통틀어 여러 차례의 인구 이동이 있어왔지만, 이것이 불교의 전파에 끼친 영향은 현대에 들어서 가장 컸고, 이는 주로 현대적인 교통수단의 발명 덕분이었다. 더욱이 많은 소수민족 출신의 불교도들이 경제적 필요성이나 지역적 갈등 때문에 아시아에 있는 그들의 본거지로부터 축출되었다. 지난 2세기 동안 중국과 일본의 수많은 불교도들이 구미(歐美) 지역으로 이민을 오면서 그들의 종교를 함께 가져왔다. 좀더 최근에 그들은 베트남과 그 밖의 남아시아 출신 불교도들과 합류하였고, 20세기 후반에는 잘 알려진 '티베트 집단탈출(Tibetan diaspora)'의 일환으로 많은 망명자들이 티베트를 떠났다. 많은 티베트 라마들은 이제 서구에 안착하여 그들의 독특한 불교 형태를 연구하고 보존하기 위해 여러 공동체들을 세웠다.

5) 신문, 사진, 전화, 텔레비전, 팩시밀리, 개인용 컴퓨터, 그리고 인터넷의 발명은 저 건너편 세계의 정보에 대한 접근 양상을 급격하게 바꿔놓았다. 이러한 기술의 폭발은 이전에는 오직 소수만이 구할 수 있었던 불교 등의 주제들과 관련한 정보에 이제는 사실상 누구든지 접근할 수 있게 되었음을 의미한다. 웹사이트들에는 서적과 정보들의 거대한 저장소가 포함되어 있고, 온라인 커뮤니티들은 불교의 가르침들을 신참자들을 상대로 논의

하고 설명하기 위해 존재한다. 영화 예술은 베르톨루치(Bernardo Bertolucci, 1941-2018)의 〈리틀 붓다〉나 그 밖의 많은 영화를 통해 불교에 대한 인식을 제고하는 데 크게 기여하였다. 붓다는 또한 대중의 우상과 같은 것이 되었고, 많은 사업체에서 '붓다바(Buddha Bar)' 그룹과 같이 상표로 사용되어 보수적인 불교도들을 불쾌하게 만들기도 하였다.

출가자들의 자치단체로서 국가 안에 있는 또하나의 국가처럼 보였고, 이는 황제의 권력에 대한 도전이자 유교적 이상인 매끈한 직물과 같은 사회적 삶에 대한 위협으로 비쳤던 것이다. 승려들은 또 황제에게 절하는 것을 거부하였다. 왜냐하면 인도에서 절을 하는 것은 재가자들이 승려들에게 경의를 표하는 방식이었기 때문이다. 이런 종류의 문화적 차이는 갈등과 오해를 초래하고 이 새로운 종교에 대한 적대감을 부채질하기도 하였다.

다른 한편으로 불교에는 중국인들을 매료시킨 많은 요소들이 있었다. 불교는 유교가 내버려둔 지점에서 무엇인가를 계속하는 것처럼 보였고, 유교에서 별로 거론하지 않는 보이지 않는 세계에 대해 기술하였다. 공자의 한 제자가 어느 날 "스승이여! 정령과 신들은 어떻게 대해야 합니까?"라고 묻자, 공자는 "너의 동료인 사람들을 바르게 대하는 것을 배우기 전

11. 『금강경』. 세계에서 가장 오래된 인쇄본은 대승의 주요 경전인 『금강경』의 사본이다. 기원후 868년.

까지는 정령과 신들을 제대로 대할 수 없다"고 대답하였다. 질문을 던진 제자가 죽음에 대해 묻자, 공자는 "삶에 대해 알기 전에 죽음에 대해 알 수는 없다"라며 비슷한 답을 주었다 (*Analects*, xi.12〔季路問事鬼神. 子曰: 未能事人, 焉能事鬼? 敢問死. 曰: 未知生, 焉知死?〕). 초자연적인 것을 부차적인 것으로 돌리면서 유교는 많은 중국인들이 궁금해한 문제들에 대하여 답변 없이 내버려두었던 것이다. 불교는 이런 질문들, 특히 죽음과 내세의 삶에 관한 문제들에 대한 답을 가지고 있는 것처럼 보였는데, 그들이 자기 조상을 깊이 존중하고 있었던 점을 고려할 때 이는 중국인들이 특히 관심을 가지는 주제였을 것이다. 따라서 많은 중국인들은 이 세상에 대한 권위 있는 안내자로서 유교를 받아들이기는 하였지만, 다음 세상에 대한 안내자로서는 불교에 의지하였다.

불교는 또다른 중국철학인 도교와 몇 가지 유사점을 공유하는데, 도교는 전설적 성인인 노자(老子, 기원전 604-?)에 의해 창시된 자연신비주의의 형태를 취하고 있다. 도교의 목표는 우주에 편재한다고 믿어지는 음(陰)과 양(陽)이라는 상호보완적인 힘들의 균형을 맞추는 것을 배움으로써 자연과 조화롭게 사는 것이다. 음은 부드러움과 수동성으로 표현되는 여성적 원리이며, 양은 딱딱함과 강건함으로 자신을 나타내는 남성적 원리이다. 이 두 가지 속성 모두 그 정도는 다르지만 개인들과 모든 현상에 나타나며, 이러한 힘〔기氣〕의 상호작용이 세상에서 변화를 일으키는 것이다. 성인은 음과 양을 균형 상태로 유지하는 방법, 그리고 변화하는 삶의 환경들과 조화를 이루며 사는 방법을 아는 자이다. 고전인 『도덕경』('길과 덕의 책')은 노자가 쓴 것이라고 하는데, 이런 고차원적인 삶을 살아가기 위한 원칙들을 제시하고 있다.

어떤 영역에서 불교와 도교는 중첩되며, 불교의 명상은 도교의 성자가 추구하는 내적인 고요함과 '행위 없는 행위〔무위無爲〕'라는 동일한 목표에 맞추어져 있는 것처럼 보였다. '찬(Chan, 선禪, 일본 '젠'의 원형)'이라고 알려진 중국불교의 한 종파는 이러한 상호작용으로부터 탄생했다. 그러나 도교의 가르침들은 비체계적이었고 적정주의(寂靜主義, quietism)와 영감을 강조하는 반면, 불교는 체계적인 철학적 틀과 문헌적 연구의 전통을 제시하였다. 불교의 이런 측면은 학문과 학습을 사랑했던 중국의 상류층들을 매료시켰고, 불교는 비록 그 이국적인 연상 작용들을 결코 불식(拂拭)시키려 들지는 않았지만 시간이 흘러 중국의 '3대 종교'로서 수용되었다. 다수의 중국 승려들은 사본을 찾아서 인도로 순례 여행을 떠났는데, 법현(法顯, 399-413), 현장(玄奘, 630-644), 그리고 의정(義淨, 671-695)이 대표적이다.

중국에서 불교의 운명은 수 세기에 걸쳐서 차고 기울었다.

12. 가면을 쓴 무희. 부탄.

비록 훗날 몽골의 지배를 받던 시기(13~14세기)에는 밀교의 지도자들이 크게 활약했지만, 당나라(618-907) 때에 불교는 정점에 이르렀다. 공산주의가 도래하면서 1970년을 전후한 문화혁명 시기에는 불교 및 다른 형태의 종교들이 억압을 받기도 하였다. 그러나 오늘날 중화인민공화국에서 불교는 부흥의 조짐을 보이고, 대만에서는 여전히 강력한 힘을 발하고 있다.

일본

동북아시아에서 또하나의 중요한 불교 중심지는 일본이다. 불교는 6세기에 한국을 경유하여 일본에 도달하였지만, 그 창조적 자극의 많은 부분을 중국 본토에서 끌어왔다. 헤이안(平安) 시기(794-1185)에 절충적 덴다이(天台)나 밀교적 신곤(眞言)과 같은 종파들이 발달하였는데, 이 두 종파는 중국에서 들어온 것이다. 아미다(아미타) 부처에 대한 헌신에 기초한 독특한 형태의 일본불교인 조도슈(淨土宗) 또한 이 무렵에 발달하여 가마쿠라(鎌倉) 시기(1185-1333)에 그 정점에 달하였다.

니치렌(日蓮, 1222-1282)은 자신의 눈에 비친 조도슈의 현실 안주 및 도피주의 성향에 반발하여 아미다 부처보다는『법화경』을 신앙 운동의 중심으로 두는 새로운 종교 운동을 창시했다. 아미다의 천국〔극락極樂〕에 다시 태어나는 것을 보장받기 위해 '나무아미다부쓰(南無阿彌陀佛)', 곧 '아미다 부처에 귀의한다'는 뜻의 주문(呪文, mantra)을 암송하는 대신에, 니치렌의 추종자들은 '참된 다르마인 『법화경』에 귀의한다'는 뜻의 '나무묘호렌게쿄(南無妙法蓮華經)'라는 주문을 암송하였다. 이러한 주문에 신심과 헌신의 마음을 가지고서 집중함으로써 개인의 물질적 또는 정신적인 모든 목적을 성취할 수 있다고 느꼈던 것이다. 니치렌은 국가적 차원에서 사회-종교적 개혁을 위한 프로그램을 제도화하고자 하였고, 그의 가르침을 확산시킬 거점으로서 일본의 위대한 역할에 주목했다. 그의 목표는 어느 정도 실현되었고, 오늘날 '나무묘호렌게쿄'라는 주문은 니치렌쇼슈(日蓮正宗)와 거기에서 갈라져 나온 소카갓카이(創價學會) 인터내셔널(SGI)의 수백만 명의 신자들에 의해 매일 종교적 실천의 일부로서 암송된다.

인도불교와 대조적으로 일본불교는 강한 사회적 지향을 가지고 있고, 공동체와 집단의 가치들을 강조한다. 신란(親鸞, 1173-1262)과 같은 영향력 있는 스승들은 출가를 반대하였으며, 승려들에게 결혼을 하고 사회생활에서 역할을 다하도록 격려하기도 하였다. (전승에 따르면 그는 자신이 설파한 것을 몸소 실천하였는데, 비구니와 결혼하여 그녀와의 사이에서 다섯 명의 자식을 두었다!)

13. 보리달마. 보리달마는 선(禪)이라는 형태의 불교(이로부터 일본의 '젠'이 파생
됨)를 일찍이 6세기에 중국에 들여왔다고 인정된다. 전승에 따르면, 그는 벽을
마주하고 명상하면서 9년을 보냈다고 한다. 일본의 선승 하쿠인 에카쿠(白隱慧
鶴, 1686-1769)의 작품.

불교의 여승들

초기 자료들에는 붓다가 원래 여승(비구니) 교단의 설립을 허락하기를 꺼렸지만, 그의 숙모이자 양모인 마하빠자빠띠(Mahāpajāpatī)가 승가에 들어갈 수 있도록 허락해달라고 간청하자 거기에 응함으로써 받아들인 것으로 그려져 있다. 여성에게 계를 주는 것은 인도에서는 혁명적인 발전이긴 하지만, 붓다는 몇 가지 제한 조건을 두어 여성 교단의 지위를 남성 교단에 종속되게 하였다. 인도에서 수립되고 남아시아의 일부 지역으로 전파된 교단의 여성 부파는 중세에 사라지고 말았지만, 중국이나 티베트, 일본, 그리고 한국과 같은 북아시아의 국가들에서는 비구니 교단이 오늘날까지 존속한다. 남아시아에서 여성 교단을 다시 세우려는 시도는 저항에 직면하였고, 보수주의자들은 그곳에 수계의 전통이 사라졌으므로 이제는 신참자를 받아들이기 위한 수계식을 집전하는 데 필요한 정족수의 비구니가 더이상 존재하지 않는다고 주장한다. 이런 딜레마 논법으로 남아시아의 비구니들은 결과적으로 사라진 종(種)이 되어버렸다. 이러한 반대에 대해서는 북방의 계맥(戒脈)에 속하는 비구니들을 초빙하여 그들에게 수계식을 집전하게 함으로써 부분적으로 맞서기도 하였고, 이런 방식으로 인도 보드가야에서는 대만 포광산(佛光山) 센터의 후원을 받은 국제 구족계(具足戒) 프로그램(International Full Ordination Program)의 일환으로 135명의 여성이 계를 받기도 했다(1998년). 이어서 같은 해에 스리랑카에서 수계식이 열렸고, 적어도 스리랑카의 세 부파(nikāya) 중 하나(Amarapuranikāya)는 오늘날 비구니들이 구족계를 받는 것을 인정한다. 2005년까지 약 400명의 여성이 계를 받았고, 비구니 교단의 부활도 폭넓은 공적 지지를 받게 되었다. 그러나 태국이나 미얀마와 같은 테라와다 국가들에서는 별로 나아진 것이 없다. 해외에서 계를 받은 미얀마의 한 여성은 2005년 '종교 남용' 혐의로 투옥되었고 이내 추방되었으며, 1928년 이래로 태국의 승가대법원은 비구들이 비구니들에게 수계하는 것을 금지시켰다. 태국에서 여성들에게 주어진 유일한 역할은 '마에치(mae chi)'인데, 이는 삭발하고 서원을 하며 흰 옷을 입은 여인들을 말한다. 그들은 성직자도 재가자도 아니며, 어떠한 공적인 지위도 누릴 수 없다. 역사적으로 그들은 교육 수준이 낮은 시골의 여인들과 재산이 얼마 안 되는 나이든 여인이다. 그들은 때로 절에 거주하면서 비구들에게 봉사한다. 마에치 협회가 조직되어 그들을 돕기는 하지만 수련과 교육에 대한 일반적 기준은 마련되어 있지 않은데, 이 협회에는 10만 명 이상일 것으로 보이는 비구니들 중 겨우 4천 명 정도만이 등록되어 있다. 그들은 대체로 존경받지 못하고 지원도 받지 못하며, 마에치가 된다는 것은 수행을 하거나 다르마를 가르치기 위한 좋은 기초 요건으로 간주되지 않는다. 따라서 소수의 태국 여성들은 사미니(沙彌尼) 또는 비구니 둘 중 하나로 계를 받고자 한다. 대학 교수를 역임했으며 사꺄디따(Sakyadhita, '붓다의 딸들'이라는 뜻) 기구의 창립자이기도 한 차츠마른 카빌싱(Chatsumarn Kabilsingh, 1944-) 박사는 2003년에 담마난다(Dhammananda)라는 법명으로 계를 받았다. 그녀는 나콘파톰의 송담마칼야니(Songdhamakalyani) 사원에 있는 자신의 센터에서 태국 여성들의 수계를 위해 계속 노력하고 있다. 2004년 3월에 그녀는 그 공로로 유엔으로부터 '탁월한 불교 여성'상을 받았다.

조도슈 및 니치렌의 종파와 더불어 일본불교에서 셋째로 중요한 종파는 '젠(禪, Zen)'이다. 젠은 중국과 한국으로부터 일찍이 13세기에 일본에 전해졌다. '젠'은 산스끄리뜨 dhyāna(빨리어 jhāna)로부터 유래한 것으로 '무아지경(trance, 깊은 집중의 상태)'을 의미하며, 선 수행에서는 명상이 중심 역할을 한다. 영향력 있는 해석, 곧 서구의 대표적 젠 주창자인 스즈키(D. T. Suzuki, 1870-1966)의 해석에 따르면, 젠은 본질적으로 논리적 이해를 초월하는 직관적 알아차림의 순간에 깨달음이 일어난다고 주장한다. '사토리(悟り)'라고 알려진 직관의 번쩍임은 학습이나 지적 분석에 참여할 때보다는 마음이 차분하고 이완될 때 세속적인 활동을 하는 가운데 촉발된다고 한다. 따라서 깨달음의 체험은 양동이에서 그 밑바닥이 떨어져나가는 것에 비유된다. 그것은 단박에 그리고 전혀 예상하지 않은 상태에서 발생하는 것이다. 이런 관점에서 젠은 우상파괴적 경향이 두드러지며, 문헌이나 교리, 교조들의 학습을 정신적 깨달음에 대한 잠재적 장애 요소로 간주하고, 그 대신 유머, 자발성, 비관습적인 것, 시, 그리고 다른 형태의 예술적 표현에 의지한다. 이는 스승에게서 제자에게 전달될 수 있으면서도 궁극적으로는 다만 '말과 문자'일 뿐인 것을 넘어서는, 초이성적 깨우침인 깨달음의 개념을 전달하기 위해서이다. 현대의 학자들은 비록 젠에 대한 스즈키의 설명 방식을

전적으로 잘못되었다고 보지는 않지만 그것이 낭만적으로 묘사되어 있다고 비판하면서, 다른 종파와 유사한 방식으로 서적과 교리를 집중적으로 공부하는 것을 포함하는 사원 전통이라는 사회적·문화적·윤리적 맥락에 젠을 다시 연결하고자 하였다. 때로는 모순된 그들의 행동과 금언(禁言)적인 말들에도 불구하고 중국과 일본의 위대한 찬과 젠 스승들은 경전에 대해 완벽한 앎을 가지고 있었다.

젠의 양대 부파 중에서 소토슈(曹洞宗)는 고요하게 가라앉히는 명상이 가장 효율적인 정신 수련의 형태라고 믿지만, 린자이젠(臨濟禪)은 다른 기법들을 명상의 초점으로 사용한다. 그 가운데 가장 잘 알려져 있는 것이 고안(公案)이라는 풀 수 없는 수수께끼를 사용하는 것이다. 유명한 (하쿠인의) 고안은 이렇게 묻는다. "한쪽 손이 박수칠 때 나는 소리〔隻手の聲〕는 무엇인가?" 젠의 스승은 이러한 수수께끼를 학생에게 부여하여 그것에 대해 숙고하게 하고, 어떤 시점에는 학생에게 그 해결책을 가지고 돌아오도록 지도한다. ('침묵'의 답과 같은) 그 어떤 이성적 해결책도 받아들여지지 않는다. 그 대신 추구하는 것은 그 제자가 심오한 개인적 수준에서 그 가르침들의 진리를 실존적으로 깨달았음을 자연스럽게 보여주는 것이다.

티베트

여기에서 고찰하고 언급할 마지막 불교의 중심지는 티베트이다. 이곳의 산악 지역에는 접근하기 어려웠고 또 기존에 뚫린 교역로가 없었기 때문에 8세기가 되어서야 불교가 티베트에 전해지게 되었다. 그곳에서 성행한 불교의 형태는 딴뜨라, 와즈라야나(Vajrayāna, '벼락의 수레'라는 뜻), 그리고 마술적인 문구(formular)와 함께 암송을 자주 함으로써 붙은 이름인 만뜨라야나(Mantrayāna) 등으로 다양하게 알려져 있다.

와즈라야나는 대승의 철학과 우주론을 수용하여 풍부한 상징과 나름대로 정리된 종교적 실천법의 체계를 추가한다. 이 운동의 핵심을 이루는 것은 딴뜨라로 알려진 일군(一群)의 비밀스런 논서들로서, 이는 제1천년기 후반에 인도에서 만들어진 것들이다.

딴뜨라는 신비한 도상들(maṇḍala)과 마술적인 주문(mantra)을 사용하며, 오직 이 모임에 가입한 사람만이 그 열쇠를 가진 신비로운 '황혼의 언어(sandhyabhāṣā)'로 쓰여 있다. 구루(guru, 티베트어 lama)는 입문식을 집전하고 나서 그 말과 상징들의 숨겨진 의미를 학생들에게 가르친다. 겉으로 나타난 형태에서 딴뜨라는 마술적 동그라미, 별모양, 주문(呪文), 그리고 주술을 사용하는 의례화된 마법을 구사하는 서구의 종파들과 유사하다. 열반과 윤회가 다르지 않다는 관점에 기초하여, 딴

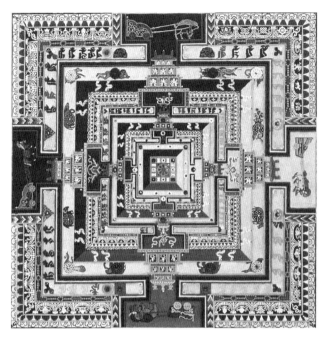

14. 모래 만달라. 이 만달라는 원뿔 모양의 끝이 뾰쪽한 깔때기를 사용하여 광물 안
료와 뒤섞은 모래를 펼쳐서 만든 것이다. 제작에는 극도의 인내심과 기술이 필요
하며, 제작을 기념하는 의식이 끝나면 이내 부수어버린다.

뜨라는 어떤 것이 되었건, 심지어 욕망조차도 해탈을 위한 수단으로서 유용하게 쓰일 수 있다고 가르친다. 열정은 본질적으로 악한 것이 아니고, 다만 전기(電氣)처럼 여러 목적을 위해 쓸 수 있는 강력한 에너지로 간주되기에 이르렀다. 특히 성적인 욕망은 이전에는 승려들의 종교적 진보에서 가장 큰 장애로 여겨졌지만, 적절하게 제어하면 정신적 발전을 가속화할 수 있는 강력한 힘으로 여겨지게 되었다. 다양한 방법과 기법들을 기꺼이 포괄하고자 하였고, 이 때문에 딴뜨라는 좀더 느린, 좀더 전통적인 방법들을 사용하여 헤아릴 수 없는 생애 동안의 수행을 마칠 때까지 기다리지 않고도 '지금 이 몸에서' 깨달음을 얻는, 성불을 위한 빠른 길 또는 '지름길'로 여겨지게 되었다.

티베트의 갖가지 예술품과 성상에는 분명 성적인 내용들이 들어 있지만, 이는 흔히 상대 남성은 유용한 수단〔방편方便〕, 곧 보살이 존재들을 깨달음으로 인도하는 다양한 기법들을 나타내고, 상대 여성은 지혜를 나타내며, 그들의 행복한 성적 결합은 열반이라고 하는 식으로 상징적으로 해석된다. 티베트불교에서 가장 영향력 있는 종파는 쫑카빠(Tsong-kha-pa, 1357-1419)에 의해 14세기에 창시된 겔룩빠(Gelug-pa)인데, 이 종파는 딴뜨라를 후자의 상징적 방식으로, 곧 사람들에게 도덕적 기준을 전복하도록 부추기는 것이라기보다는 심오한 정신적 가르침을 구현하기 위한 하나의 수레로 보았다. 이 종파의 승려들은 초기 인도의 승려들과 마찬가지로 그 많은 요건들 중 승려의 독신을 주장하는 승가의 규율(계율)을 엄격하게 준수하였다. 그러나 닝마빠(Nying-ma-pa)라는 종파는 결혼한 사제의 형태를 허용하고 있다.

티베트의 달라이 라마는 겔룩빠의 구성원이다. '달라이'는 (지혜의) '바다'를 뜻하는 몽골어로서, 몽골의 통치자인 알탄 칸(Altan Khan)이 16세기에 부여한 칭호이다. 달라이 라마라는 지위는 종교적인 것과 세속적인 영역을 포괄한다. 티베트는 오늘날까지 이어지는 일련의 달라이 라마들에 의해 통치되었는데, 현재 재위중인 열네번째 달라이 라마인 뗀진 갸초(Tenzin Gyatso, 1935-)는 중국이 1950년에 침공해옴에 따라 1959년에 고국을 떠날 수밖에 없었다. 그 뒤로 그는 북인도의 다람살라에 머물렀고, 그사이 티베트는 공산주의 치하에 놓였으며, 급기야 조직적이면서 잔혹한 '인종 청소'가 자행되어 100만 명이 넘는 티베트 난민의 탈출이 이어지게 되었다. 가끔씩 일부의 제한된 종교 유적을 재건하는 일이 일어나기 했지만, 값을 매길 수 없는 사본과 예술품들을 간직한 다수의 위대한 불교 사원들이 파괴되었다.

아시아에서의 불교 역사와 그것이 다른 문화들과 상호 작용한 양상은 그것이 복잡한 만큼이나 대단히 흥미롭다. 이 장에서는 아시아 대륙에서의 불교의 풍성함과 다양성에 대해 단지 그 인상 정도만을 전하고자 하였다. 불교의 역사적 전개 과정에서 한국과 같은 아시아의 여타 문화들이 공헌한 바는 지면의 제약 때문에 생략했다. 위에 언급된 문화들에 대한 더 자세한 연구는 책 말미의 '독서안내'를 참고하면 좋을 것이다.

제 7 장

명상

명상(samādhi)은 팔정도의 세 가지 부문(division) 가운데 하나로서 불교 수행에서 중심적 위치를 차지하고 있다. 그러나 불교에서 명상을 가리키는 좀더 일반적인 용어는 'bhāvanā'이며, 이 말은 '수행' 또는 문자 그대로는 '변화하여 어떤 상태가 되게 함(making become)'을 뜻한다. 이런 축자적 의미는 매우 적절한데, 명상은 스스로를 자신이 원하는 바대로 만드는 데 필요한 주된 불교적 전략이기 때문이다.

불교에서 명상이 얼마나 중요한지는 붓다가 깨달음을 얻은 것이 다름 아닌 그가 명상중일 때였음을 상기하면 이해할 수 있을 것이다. 붓다가 결가부좌를 한 채 명상에 잠겨 있는 모습(아래의 도판 15 참조)은 불교미술에서 가장 유명한 주제 가운데 하나로서, 명상과 깨달음 사이의 밀접한 연관을 끊임없이 일깨우고 있다. 사실상 불교의 모든 종파들은 명상을 깨달음을 위한 가장 확실한 길로 보며, 명상은 종교로서의 불교에서 '경험적' 차원의 주요 부분을 구성한다. 하지만 그런 전통에서 차지하는 그 중심적 위치에도 불구하고, 적어도 지난 세기까지 명상은 비구와 비구니들에게만, 그것도 소수에게만 국한된 기교적 수행법이었다. 대다수의 비구와 비구니들은 명상을 수행하는 것보다는 경전을 암송하는 등의 의례(儀禮)적 활동에 더 많은 시간을 들이곤 하였다. 수 세기 동안 불교에서 재가자들의 중심적 수행은 서원을 지키고 승가에 기부(보시)하여 공덕을 쌓음으로써 도덕적으로 행위하는 것이었다. 그러나 최근 수십 년 동안 아시아와 서구의 재가 수행자들 사이에서는 명상에 대한 관심이 커졌다.

인도적 배경

붓다의 시기에 사용된 명상 기법은 사문(沙門, samaṇa, '유행자遊行者'라는 뜻)들과 인도 종교의 정통적 전통을 따른 종교 수행자(바라문婆羅門, brāhmaṇa)들이 공유한 공통된 정신적 도구 중 일부였다. 붓다의 시기 이전 몇 세기 동안에는 정신적 삶의 내적 차원에 대한 관심이 급증하여 '우빠니샤드

(Upaniṣad)'로 알려진 종교 문헌 군(群)이 만들어졌다. 이런 논서들에는 내적 자아(ātman)와 존재의 우주적 토대 사이의 관계를 설명하는 한편, 그 자아가 상위의 실재(brahman)와 같다는 것을 깨닫게 해주는 신비한 기법들이 기술되어 있다. 비록 붓다는 이런 문헌들에 깔려 있는 철학에 동의하지는 않았지만, 그럼에도 불구하고 구원은 내부에서 찾아야 하고, 자신의 본성에 대한 깊은 이해를 통해서만 올 수 있다는 점에 대해서는 공감하였다.

『우파니샤드』의 가르침에 더하여, 붓다는 요가의 믿음과 수행들에도 친숙했을 것이다. 요가 수행자들은 붓다가 거부한 철학적 가르침들에 기초하긴 했지만, 그들은 마음과 몸 모두를 단련하는 정교한 기법들을 개발하였다. '요가(Yoga)'는 영어 단어 'yoke(멍에, 굴레)'와 관련되며, 요가 수행은 마음의 힘을 제어하고 활용하는 정교한 정신적 기법을 포함하고 있다. 대다수의 독자들은 몸을 유연하고 건강하게 해주는 요가의 다양한 신체 운동과 자세들에 친숙할 것이다. 요가에서 사용되는 명상 기법도 마음에 대하여 대체로 동일한 작용을 하며, 마음이 최고조로 기능할 수 있도록 하는 포괄적인 조율 장비를 제공한다. 따라서 붓다는 명상을 발명한 것이 아니고, 아래에서 살펴보겠지만, 그와 동시대인들이 채택한 방법에 상당한 수정을 가하여 이론과 실천 모두에서 불교의 명상이 구별

15. 명상하는 붓다. 이 거대한 불상은 붓다 아미다가 손을 무릎 위에 두고 가부좌를 취한 채 명상에 잠겨 있는 모습을 보여준다. 일본 가마쿠라, 아미다 부처, 13세기.

되게 만들었던 것이다.

명상의 본성

그렇다면 명상이란 도대체 무엇일까? 명상은 아마도 '제어된 방식에 의해 유도되는 전환된 의식의 상태'라고 정의할 수 있을 것이다. 거기에 특별히 신비스러운 것은 전혀 없고, 사람들은 살아서 깨어 있는 동안 자연스럽게 명상과 유사한 황홀경과 같은 상태에 들었다 나오곤 한다. 깨어 있는 삶의 많은 부분에는 마음이 내면의 광경을 숙고하는 백일몽, 몽상, 그리고 환상들이 끼어든다. 때로 이런 몽상들은 우리를 엄청나게 몰입시키는데, 이는 우리가 운전을 하다가 경로를 의식하지도 않은 채 목적지에 도달한 자신을 발견하는 것과 비슷하다. 마약을 복용하는 것 역시 명상에서 경험하는 것과 다르지 않은 효과를 낳을 수도 있다.

명상과 위에 언급한 상태들 간의 주된 차이점은 제어가 되는 정도, 그 경험의 깊이, 그리고 지속성에 있다. 또한 마약과는 달리 명상을 할 경우에는 부작용, 곧 '나쁜 여행'이 없으며, 갖가지 유익한 것들이 쌓이고 지속된다. 보통의 깨어 있는 상태에서 마음은 계속해서 무아지경의 상태에 들었다 나오곤 한다. 망상에 빠진 누군가를 일깨우면 그는 자기 마음이 '어딘가에' 있었다고 말할지도 모른다. 명상의 목적은 '어딘가에' 있고자 하는 것이 아니고, 바로 여기에서 완전히 의식하고 깨어 있는 상태로 있으려는 것이다. 레이저 광선이 좋은 비유가 된다. 빛은 확산될 때에는 상대적으로 힘이 없지만, 그것이 모아져서 집중될 때에는 쇠를 뚫을 수 있다. 또 빛보다는 소리에 비유하자면, 명상의 목적은 마음의 '잡음(static)'을 제거하며, 정신의 힘을 산란시키는 마음의 '수다'를 줄이는 것이다.

명상의 실천

명상에 관한 이론은 몸과 마음의 밀접한 관계를 인정한다. 따라서 마음을 완전히 고요해지게 하려면 먼저 몸을 가다듬어야 한다. 명상을 위한 전통적인 자세는 다리를 겹쳐서 앉는 것인데, 필요한 경우 방석〔좌복坐服〕을 사용하며 등은 똑바로 펴고 고개는 조금 당긴 채 손은 무릎 위에 둔다. 이는 '가부좌(跏趺坐)' 또는 '연화좌(蓮華坐)'로 알려져 있다(앞의 도판 15의 불상은 이 자세로 앉아 있다). 초심자에게 처음에는 부자연스럽게 느껴질지도 모르지만, 조금만 노력하면 이 자세를 긴 시간 유지할 수 있다. 이 자세는 명상을 하는 사람으로 하여금 호흡을 깊고 이완된 상태에서 하면서 편안하면서도 깨어 있도록 해준다. 명상은 편안한 자세라면 어떤 식으로든 행할 수 있지만, 자세가 너무 편안할 경우에는 졸게 될 우려도 있다. 의식이 명료한 상태로 꿈을 꾸면서 알아차림(awareness)을 닦는 '꿈의 요가'로 알려진 티베트의 수행법이 있긴 하지만, 졸음이 쏟아지면 분명 마음을 조절하기가 곤란해질 것이다.

일단 편안한 자세가 확립되면 명상을 위한 적합한 대상을 택한다. 붓다는 출가하여 두 명의 명상 지도자에게 각각 배웠는데, 그들이 가르쳐준 것, 곧 깊은 무아지경의 상태에 들어가 머무르는 것은 당시 사람들이 실천한 명상의 전형적 형태였을 것으로 합당하게 추정할 수 있다. 붓다의 두 스승은 제자에게 어떤 지침을 주었을까? 우리는 이에 대해 확실하게 알 수는 없지만, 그들은 제자에게 호흡에 집중하거나 혼자서 조용히 주문(mantra)을 반복하도록 권했을지도 모른다. 또는 몇 피트 정도 떨어진 곳에 어떤 사물, 아마도 물 단지나 꽃과 같은 작고 일상적인 물건을 놓아두고서, 제자로 하여금 그것을 세심하게 살피고 그 모든 세부사항에 주목하며 눈을 감은 채 그 사물에 대한 완벽한 심상(心象)을 재창조할 수 있도록 지도했을지도 모른다. 이런 수행법의 목적은 마음이 그 대상에 온전히 몰두하여 결국 의식의 통일된 장(場)에서 주관과 객관이라는 분별이 해체되도록 하는 것이다.

명상에 통달하기란 결코 쉬운 일이 아닌데, 무엇보다도 마음이 계속해서 산란함을 불러일으키기 때문이다. 불교의 자료들은 마음을 어떤 하나의 가지를 잡았다가 또다른 가지를 잡으면서 나무 사이를 획획 날아다니는 원숭이에 비유한다. 독자들은 앞의 6장(도판 14 참조)에서 소개한 모래 만달라와 같은 그림들 중 하나에 집중하면서, 마음이 잠시도 가만있지 않고 다른 곳으로 옮겨가는 것을 의식함으로써 이를 시험해 보고 싶을지도 모르겠다. 확고하고 꾸준한 집중은 오직 규칙적인 수행과 함께 오게 되며, 보통 그 결과를 얻기까지 몇 달이 걸린다. 명상을 배우는 것은 악기 연주를 배우는 것과 얼추 비슷한데, 결의와 전념, 그리고 하루도 거르지 않는 꾸준한 수련이 필요하다.

　그 결과는 마침내 집중력이 고도화되고 고요함과 내적 안정을 더 많이 느끼는 형태로 나타나는데, 이것들은 일상생활로 전이된다. 산만함이나 근심, 의심, 두려움 등이 마음에서 힘을 잃게 되면서, 명상 수행자는 일반적으로 더욱 '함께'하는 상태가 되어 지금 여기에서 좀더 온전히 살아가게 되는 것이다. 특히 능숙한 명상 수행자들은 마침내 완벽하고 흔들리지 않는 내적 고요의 상태를 일컫는, 삼매(三昧, samādhi)라고 알려진 완전한 몰입의 명료한 상태를 성취하게 될지 모른다. 붓다는 스승들의 지도를 받으면서 이런 종류의 특별히 고양된 두 가지 상태를 성취하였는데, 이것들은 이후 일곱째와 여덟째 선정(禪定, 정려精慮, jhāna)으로서 공식적인 불교 명상의 틀

선정의 단계	특징들	
그침(지止)의 획득	'신체를 가지고서 열반에 접촉함'	
제8선(禪) =정려(精慮)	비상비비상처(非想非非想處)	
제7선	무소유처(無所有處)	
제6선	식무변처(識無邊處)	
제5선	공무변처(空無邊處)	
제4선 =사념청정지 (捨念淸淨地)	집중(심일경성心一境性), 평정심(사捨), '기쁨과 고통을 넘어섬'	이 단계에서 얼어지는 정신적 힘
제3선 =이희묘락지 (離喜妙樂地)	집중, 평정심	천안통(天眼通) 천이통(天耳通) 숙명통(宿命通) 타심통(他心通) 신족통(神足通)
제2선 =정생희락지 (定生喜樂地)	집중, 희열(희喜), 행복(락樂)	
제1선 =이생희락지 (離生喜樂地)	산만한 생각(심尋), 집착을 떠남(리離), 희열, 행복	

무색계: 제8선~제5선. 색계: 제4선~제1선.

선정(禪定)의 여덟 단계와 그 특징들

안에 통합되었다.

선정 또는 무아지경의 단계들

이러한 틀의 기초를 이루는 것은 선정(禪定, jhāna, 산스끄리뜨 dhyāna), 곧 무아지경의 단계들이다. 첫째인 가장 낮은 선정에서 마음은 산만하게 생각하지만, 그것은 집착을 떠남, 희열 및 행복으로 채워진다. 둘째 선정에서는 산만한 마음이 사라지고, 집중(samādhi) 그리고 고도로 잘 알아차리는 감각으로 대체된다. 셋째 선정에서는 희열이 평정심으로 대체되며, 넷째 단계에서는 평정심조차 '기쁨과 고통을 넘어섬'으로 기술된 상태에 자리를 내어주게 된다. 이러한 신비 체험은 언어적 범주를 초월하는 것으로 보이며, 그것들을 기술할 만한 적절한 어휘를 찾기란 쉬운 일이 아니다. 그러나 더 높은 단계의 무아지경으로 갈수록 점점 더 미묘해지고 숭고해지는 경향이 있고, 격정이나 희열 같은 더 거칠고 더 감정적인 요소들은 좀 더 깊고 정제된 몰입에 의해 대체되는 것을 볼 수 있다. 이것은 위에 언급된 레이저와 같은 방식으로 마음이 명상의 대상에만 고정되어 있는, '심일경성(心一境性, ekaggatā)'이라 불리는 상태로 이끌게 된다.

넷째 선정에서 명상 수행자는 대략 서구에서 초감각적 지각(extra-sensory perception, ESP)으로 알려진 것에 상응하는 갖가지 정신적 힘들을 발달시킬 수 있다고 믿어진다. 여기에는 멀리 떨어진 장소에서 발생한 사건들을 보는 힘〔천안통天眼通〕, 멀리서 나는 소리를 듣는 힘〔천이통天耳通〕, 전생(前生)을 보는 힘〔숙명통宿命通〕, 그리고 다른 사람의 마음을 아는 힘〔타심통他心通〕이 포함된다. 공중을 날아다니고, 물 위를 걷고, 분신(分身)을 만들어내는 등의 잡다한 염력〔신족통神足通〕 역시 얻어진다. 이런 능력들에 특별히 불교적인 것은 없는데, 인도 사상에서 그것들은 필요한 시간과 노력을 들이고자 하는 이라면 누구든지 얻을 수 있는 것으로서 널리 인정된다. 비록 붓다는 스스로 이런 능력들을 갖게 되었다고 하지만, 그는 종종 그것들을 얻으려고 애쓰는 이들을 경시하면서, 인생의 많은 세월을 물 위에서 걷기를 배우는 데 바치기보다는 뱃사공의 일에 종사하는 것이 더 간편하다고 지적하기도 했다.

더 깊어진 명상의 단계에서 주요 신체적 활동들은 가라앉고, 호흡은 거의 중단된다. 관련 연구는 이 상태에서 두뇌는 이완된 창의력의 조건을 나타내는 알파파를 더 많이 만들어내며, 갖가지 특이한 느낌들이 생길 수도 있음을 시사한다. 둥둥 떠 있거나 사지(四肢)가 가벼워지는 느낌과 함께 빛을 지각하는 일이 흔하게 일어나는 것이다. 더 깊은 수준의 선정에서는 보통 깨어 있는 의식의 정태적(靜態的) 상태에 의해 가려

불교와 신경과학

의식에 대한 신경과학, 곧 '명상의 신경과학'은 불교가 활발하게 참여하는 흥미롭고도 새로운 과학 연구 분야이다. 마음챙김 기반 스트레스 저감법(Mindfulness-Based Stress Reduction, MBSR)으로 알려진 프로그램은 대개 불교 수행에 근거하고 있는데, 만성 통증이나 불안 장애, 우울증, 건선(乾癬)을 다루고, 일반적인 정신 건강을 증진하는 데 고무적인 결과를 보이고 있다. 그리고 신경과학자들은 명상이 두뇌 활동의 패턴을 바꾸는 데 끼치는 영향들을 조사하기 시작했다. 불교의 명상 수행은 마음이 단련될 수 있으며 몇 가지 기법을 활용하면 개인의 내적인 정신적 지형(地形, topography)이 형성되고 주조(鑄造)될 수 있다는 원리에 기초하고 있다. 신경과학자들은 '신경 가소성(神經可塑性, neuroplasticity)'으로 알려진 이런 현상에 대한 경험적 확증을 제시하는 것으로 보이는데, 이는 특별한 경험적 입력으로부터 야기되는 두뇌의 기능적·분자적 변화를 감지함으로써 이루어진다. 예컨대 런던의 택시 운전사는 계속해서 운행 감각을 사용하기 때문인지 몰라도 더 큰 해마(海馬, hippocampus)를 가지고 있음이 알려졌으며, MBSR 과정의 참여자들은 긍정적인 정신 상태와 관련된 종류의 전두엽 두뇌 활동의 변화를 보였다. 면역 체계가 강화되거나 여타 자율신경이 긍정적 변화를 보이는 것 또한 연구에서 보고되었다. 그 연구가 아직 초기 단계이긴 하지만, 이런 발견은 불교와 그 밖의 명상적 유파들이 늘 해오던 주장, 곧 행복과 심리적 건강은 수련을 통해 얻을 수 있는 자질이라는 점을 입증해주는 것으로 보인다. 만약 이것이 사실이라면, 몇 세기에 걸쳐 이런 유파들에서 발달한 많은 기법과 전략들은 인간의 잠재력을 최적화하기 위한 유용한 기구들을 제공할 수 있을 것이다.

저 있던 마음의 타고난 순수함이 완전한 빛을 발하면서 스스로를 드러낸다고 한다. 이런 조건에 놓인 마음은 재능 있는 장인이 귀중한 물건을 만들어내는 재료인, 가단성(可鍛性) 있고 유연한 상태의 정제된 금에 비유된다. 이 경우 장인은 스스로를 개조하는 일을 떠맡을 준비가 된, 정신의 깊은 차원에 접근한 명상 수행자인 것이다.

후기 문헌은 마흔 가지의 명상 주제 목록을 제시한다. 적합한 주제를 고르는 일은 기술과 분별을 요하는데, 스승은 제자의 성품을 헤아려서 그 성품과 정신적 필요에 적합한 주제를 찾아준다는 점에서 그 가치가 심대하다. 예컨대 육체적 쾌락에 집착하는 어떤 사람은 그 집착을 줄이려고 육체에 대하여 무상하며 늙고 병들기 마련이고, 따라서 청정하지 않은 것으로 명상하도록 지도받을 수 있다. 다른 한편으로 참으로 경건한 사람은 붓다와 그의 덕, 또는 붓다, 다르마, 승가라는 '삼보(三寶)'에 대해 명상하도록 지도받을 수 있다. 또한 화장터에 보이는 까맣게 타버린 훼손된 시체들과 같은 좀더 섬뜩한 주제들도 있다. 이러한 명상의 목적은 죽음을 목도하는 동안, 인간으로 다시 태어남으로써 부여받은 소중한 기회를 최대한 뜻있게 활용하는 것이 얼마나 절실한 일인지를 깨닫는 것이다.

네 가지 헤아릴 수 없는 상태〔사무량심四無量心〕

가장 대중적인 명상 주제들 중에는 네 가지의 '헤아릴 수 없는 상태〔무량심無量心, 또는 범주梵住, brahma-vihāra〕'라는 것이 있다. 곧 자애〔자慈, mettā〕, 연민〔비悲, karuṇā〕, 함께 기뻐함〔희喜, muditā〕, 평정심〔사捨, upekkhā〕이 그것이다. 자애의 수행은 모든 살아 있는 생명체에 대한 인자함, 우의(友誼), 그리고 선의(善意)의 태도를 발달시키는 것을 포함한다. 명상 수행자는 스스로를 선의의 대상으로 보는 데서 시작한다. 이러한 요건은 자기도취적인 것이 아니며, 사람은 오직 자기 자신을 사랑할 수 있는 만큼 남을 사랑할 수 있을 뿐이라는 점을 날카롭게 관찰한 것에 기초한 것이다. 낮은 자존감의 영향을 받거나 자기혐오에 사로잡힌 사람은 다른 이들을 온전히 사랑할 수 없을 것이다. 명상 수행자는 '내가 행복하고 고통으로부터 자유롭기를' 하는 생각을 마음에 간직하면서 자신의 좋은 점과 나쁜 점들을 가능한 한 객관적으로 검토하게 된다. 그러면서 점차 "마치 쟁기질을 능숙하게 하는 사람이 그의 땅에 선을 그어 표시를 하고서 그것을 덮어두는 것처럼", 다른 이들에 대한 자애로움의 범위를 확장하여 자신의 가족이나 이웃, 마을, 주(州), 국가, 나아가 여섯 방향의 모든 생명체까지도 포섭하는 것이다. 또한 기회가 될 때마다 자신에게 다른 이들이 베푼 친절한 행위들을 과거 생의 일들에 이르기까지 떠올린다. 이러한 보편적 선의를 기르는 것은 마음의 치우침과 편견을 없애주며, 그리하여 명상 수행자는 다른 이들에게 친절한 마음가짐을 갖고서 차별 없이 행위하기 시작한다. 나머지 세 가지 헤아릴 수 없는 상태(무량심無量心)도 비슷한 방식으로 닦는 것이다. 명상 수행자는 연민을 통해 다른 이들의 고통을 자신의 고통과 동일시하며, 함께 기뻐함을 통해 그들의 행복과 행운에 대하여 기뻐한다. 평정심을 닦는 것은 이러한 성향들이 항상 균형을 이루면서 상황에 적합하도록 보장해준다.

명상과 우주론

3장에서 설명한 것처럼, 감각적 욕망의 영역(욕계欲界), 순수한 형태의 영역(색계色界), 형태 없는 것들의 영역(무색계無色界)으로 이루어진 불교의 우주의 세 가지 구분에서 정신적이고 물질적인 세계의 지형들은 서로 겹치는 부분이 있다. 이런 도식에서 인간 세계와 하위의 천상 세계들은 감각적 욕망 내부의 밑바닥에서 발견되며, 네 가지 선정(禪定)의 영역은 순수한 형태의 영역인 둘째 층위에 배치되는 것으로 간주된다. 따라서 순수한 형태의 영역 내의 다양한 층위에 사는 신들은 그에 상응하는 선정에 든 명상 수행자와 동일한 상태의 마음에 거하고 있는 것이다. 이로부터 명상은 천상의 경험을 제공한다는 결론이 도출된다. 네 가지 선정이라는 기본적 도식에 추가적으로 네 가지가 더해지며, 이는 형태 없는 것들의 영역에 대응된다. 이러한 네 가지 더 높은, 곧 '형태 없는' 선정의 영역(형태 없는 영역에 있음으로써 그것들은 모든 형태를 넘어선, 전적으로 정신적인 대상을 취하기 때문에 이렇게 불린다)은 윤회가 일어날 수 있는, 상위에 있는 네 개의 우주론적 평면에 대응한다.

따라서 명상적 우주론의 최종적인 불교적 도식은 여덟 단계의 선정으로 구성되어 있고, 이것들은 우주의 상위 3분의 2에 위치한다. 한 스승에게서 붓다는 일곱째를, 또다른 스승에게서는 여덟째의 높은 경지를 성취하였다. '멸진정(滅盡定, nirodha-samāpatti)'으로 알려진 아홉째 단계 또한 몇몇 자료에 언급되어 있다. 이 단계에서는 모든 정신적 작동들이 완전히 중단되고, 심장 박동과 호흡조차도 멈춘다. 생명은 남아 있는 육체의 온기(溫氣)라는 형태로 존속될 뿐이다. 이 상태로 사람은 며칠간 머물러 있다가 미리 정해진 어떤 시점이 되면 결국 그 상태로부터 자연스럽게 깨어날 수 있다고 한다. 그 자료들은 이러한 상태야말로 누구라도 살아 있는 채로 최종적 열반의 경험에 가장 가까이 다가설 수 있는 지점이라고 주장하는데, 이를 '신체를 가지고서 열반에 접촉함'이라고 기술한다.

통찰명상(위빠사나)

명상이 그와 같은 강력한 기법이라면, 왜 붓다는 자신의 스 승에게서 등을 돌렸던 것일까? 붓다가 그들을 떠난 이유는 비록 행복하고 고요할지언정 무아지경의 상태에 드는 것은 오직 고통으로부터 잠시 방향을 튼 것일 뿐, 그것에 대한 항구적 해결책이 아님을 확인한 데 있었다. 명상의 상태들은 윤회의 다른 모든 것들과 마찬가지로 무상하며 지속되지 않는다. 이 스승들과 그들의 명상 기법이 제시하지 못한 것은 완전한 해 탈에 필요한, 사물의 본성에 대한 깊은 철학적 통찰과 같은 것 이었다.

따라서 붓다는 완전히 새로운 명상 기법을 개발하여, 스승 들로부터 배운 수행법을 보완하였다. 붓다는 불교에서 '고요 하게 하는 명상〔지止, samatha〕'이라는 통칭으로 불리는, 앞에 서 언급한 종류의 기법들에 '통찰명상〔관觀, vipassanā〕'이라고 불리는 새로운 것을 더하였다. 이것의 목적은 평화와 고요가 아니고, 꿰뚫어보는 비판적 통찰〔반야般若, paññā〕을 일으키는 것이었다. 고요하게 하는 명상에서는 지적인 활동이 그전 단 계에서 (둘째 선정에 이르면) 잦아들게 되지만, 통찰명상에서 는 그 수행의 목적이 명상 수행자가 자신의 마음 상태를 자세 하게 반성적으로 분석하는 과정에서 그러한 비판적 기능들 을 완전히 작동하게 하는 것이다. 실제로 고요하게 하는 명상과 통찰명상의 두 기법은 대개 동일한 시간에 연달아서 사용된다. 마음을 집중시키기 위해서 고요하게 하는 명상이 먼저 사용되고, 탐구하고 분석하기 위해서 통찰명상이 나중에 사용될 수 있는 것이다. 통찰명상의 기법은 『마음챙김의 네 가지 토대』〔대념처경大念處經, Mahāsatipaṭṭhāna Sutta〕라고 알려진 고전적 초기 자료에 기술되어 있는데, 미얀마의 재가 스승인 우바킨(U Ba Khin, 1899~1971)과 그의 제자인 고엔카(S. N. Goenka, 1924~2013)에 의해 지난 세기에 보급되었다.

통찰명상에서 명상 수행자는 자신의 주관적 경험의 모든 측면을 들여다보면서 이를 몸과 그 육체적 느낌들〔신身〕, 감각들〔수受〕, 심기〔심心〕, 그리고 마음의 패턴과 생각들〔법法〕이라는 네 가지 범주로 분석한다. 첫 회의 명상은 호흡의 일어남과 잦아듦을 알아차리는 데서부터 몸의 나머지 부분으로 이를 확장시키는 식으로 진행하는 것이 전형적이다. 찌릿함, 아픔, 가려움, 움직여서 긁고 싶은 충동과 같은 모든 사소한 감각들에 주목하게 된다. 명상 수행자는 이러한 충동들에 반응하지 않는데, 이는 보통의 반(半)자동적인 방식으로 육체적 느낌들에 반응하지 않고 있는 그대로 그것들이 어떻게 일어났다가 가라앉는지를 집중해서 주목하는 것이 수련의 목적이기 때문이다. 관여하지 않은 채 관찰하는 것을 배움으로써 인간의 온갖 행동에 깔려 있는 자극-반응의 패턴이 깨질 수 있다. 어떤

(자극의) 버튼이 눌렸든 상관없이 모든 상황에서 반응하는 방법을 자유로이 선택할 수 있다는 자각이 점차 조금씩 생겨나게 된다. 오래도록 습관과 충동들에 사로잡혔던 것이 약해지면서 새로운 자유의 느낌으로 대체된다. 이러한 분석은 점차 몸 전체로 연장되고, 여러 신체 부위와 기능들을 해부하는 외과의사의 메스처럼 지성이 발휘된다. 이로부터 몸이라는 것이 단지 뼈나 신경, 조직이 임시적으로 결합된 것에 지나지 않을 뿐만 아니라 그것에 도취하거나 과도하게 집착할 만한 가치 있는 대상이 분명 아니라는 알아차림이 일어나게 된다.

다음으로 내면에서 일어나는 모든 느낌들에 주의를 기울인다. 즐겁고 불쾌한 느낌들에 대해서 그것들이 일어나고 사라지는 대로 주목한다. 이는 무상함에 대한 지각을 날카롭게 하고 우리에게 가장 친숙한 것으로 보였던 것들, 우리의 감정과 같은 것들조차도 왔다가 가버리는, 순간적인 상태라는 앎을 일으킨다. 이어서 주체의 현재 심기(心氣), 그것의 전반적 속성 및 기질에서의 끊임없는 동요(動搖), 마지막으로 마음을 통과해가는 의식의 흐름을 관찰한다. 명상 수행자는 필연적으로 일어나는 백일몽과 환상 속에 자신을 내맡겨버리려는 충동에 저항해야 한다. 대신에 무심하게 그 생각과 이미지들이 서로 뒤따르는 대로 그저 관찰하면서, 그것들을 마치 구름이 청명한 하늘을 가로질러가는 것처럼 또는 거품이 유리잔 위쪽으로 떠오르는 것처럼 여기는 것이다. 이러한 집착을 떠난 관찰로부터 인간의 의식적인 마음조차도 다른 모든 것들과 마찬가지로 하나의 과정일 뿐이라는 점이 점차 명확해진다. 대다수의 사람들은 자신의 정신적 삶을 참된 내적 본질로 여긴다(사람들은 "나는 생각한다. 고로 나는 존재한다"라는 데카르트의 유명한 말에 대해 생각하곤 한다). 그러나 통찰명상은 의식의 흐름이 단지 개인의 다섯 요인들[오온五蘊]의 복잡한 상호작용으로부터 나타나는 하나의 추가적인 양상일 뿐이며, 그것이 그 '참된 속성'은 아님을 드러낸다.

이런 다양한 감각과 느낌, 기분, 그리고 생각들을 소유하는 자, 곧 숨겨진 주체가 없으며 모든 존재하는 것들은 그 자체가 경험이라는 자각은 깨달음을 촉발하는 전환적 통찰이다. 궁극적으로는 욕망을 '가진' 주체가 없다는 인식은 갈망을 약화시키고, 마침내 그것을 완전히 파괴하여 그것을 "그 뿌리가 파괴된 야자나무가 결코 다시는 자라지 않는 것처럼" 만들어버린다. 경험적으로 그것은 무거운 짐을 들어낸 것과 같다. 곧 공허함, 환상, 갈망, 실망을 안고 있는 에고(ego)의 시끄러움이 조용해지는 것이다. 그 결과는 스토아학파에서 추구하는 수동성과 같은 것은 아닌데, 이는 감정이 억압되지 않고 단지 에고의 왜곡된 끌어당김(distorting gravitational pulling)으로부터 자유로워지기 때문이다. 이기적 갈망과 만족의 회전목마가 느려지고 멈추며, 그것이 평화와 만족이라는 깊고 지속적인 느낌으로 대체됨에 따라 다른 이들이 자신의 감정적 지평 내부로 더욱 완전히 들어오기 시작한다.

대승에서의 발달

대승에서는 복잡한 층위의 명상 기법들을 발견할 수 있는데, 이전의 방법들을 제시하면서 아울러 힘을 키워서 행동으로 옮기는 것이 새로이 강조된다. 이와 관련하여 세 가지의 중요한 명상 수행 범주들을 확인할 수 있다. 첫째, 그 이전의 적정(寂靜)과 물러남으로 특징지어진, 고요히 가라앉히고 통찰하는 명상의 구조가 이어지면서도, 명상을 세상에서의 도덕적 행위의 토대로 삼고자 하는 새로운 열정이 이제 여기에 뒤섞인다. 둘째 유형에서는 대체적(代替的) 실재를 구축하고 마술적 힘을 획득하고자 하는, 불교 이전의 환상적이고 황홀한 기법들이 되살아난다. 이런 기법들은 명상 수행자가 실제로 자신이 그곳에 다시 태어난다고 상상하는 '정토(淨土)'와 같은 대체적 실재를 스스로 만들어내는 시각화 과정에 초점을 맞춘다(아래의 글상자 참조). 똑같은 기법들이 딴뜨라의 복잡한 관상법(觀想法)의 기초를 이룬다. 여기에서 명상 수행자는 자신이 중앙부의 붓다인 세계를 창조하고서 만달라라고 불리는

'정토'의 명상적 관점

명상 수행자는 서쪽을 보고 앉아 먼저 지는 해를 관상(觀想)하는
데, 이것을 눈을 뜨건 감건 볼 수 있게 될 때까지 계속한다. 또한
물을 바라보면서 그 물이 얼음이 되고, 얼음이 수정이 되며, 이 수
정의 지면 위에 빛나는 기둥이 있는 것을 관상한다. 명상 수행자
는 또 땅이 금과 빛나는 보석들로 가득차 있는 것을 관상하는데,
모든 것들이 맑아서 자신의 눈앞에 항상 있는 것처럼 느끼게 된
다. 또한 보석이 매달려 있는 나무들이 빛나는 잎과 꽃들을 가지
고 있고, 그 안에 신의 아이들이 노니는 집이 있는 것을 관상한다.
나아가 연꽃으로 가득차 있고, 그 바닥에 금과 다이아몬드 모래가
깔려 있는 수정의 냇물과 호수를 관상한다. 그리고 정토 전체가
500만 개의 보석 궁전으로 가득차 있고, 법(法)을 찬탄하는 천상의
노래가 가득차 있는 것을 관상한다.…… 마지막으로 그는 자신이
서방의 극락세계에 태어나 연꽃 속에 앉아 있는 모습을 관상한다.
연꽃은 그를 감싸고 있지만, 이제 그 꽃잎이 열리고 그가 눈을 뜨
고 붓다와 보살들이 하늘을 채우고 있는 것을 보자 그에게 광채가
쏟아진다.

— 『관무량수경(觀無量壽經, Amitāyurdhyāna Sūtra)』에서

신성한 지혜의 집에 거주한다. 이런 새로운 명상적 실재 안에
서 그는 자신의 변형인 강력한 상징들을 마술적으로 조작하
여 붓다의 지위를 획득하는 것(성불成佛) 그 자체를 이끌어낸다.

그리고 셋째 유형의 명상 수련에는 자유를 직접 체험하기
위해 자연스러움이라는 새로운 기법을 발전시킨 것이 포함된

다. 이러한 불교 명상의 천재성이 최종적으로 꽃을 피운 것은 학문의 장 바깥에서 일어났다. 여기에서 찾고자 한 것은, 일상생활을 영위하면서도 초탈적(超脫的)인 행동양식을 통해 세상 안에서 직접적으로 깨달음을 얻고자 하는 기법이었다. 이러한 자연스러움의 추구는 딴뜨라 전통과 밀접하게 연관된 것으로 보이는데, '위대한 상징(mahāmudrā)'이라는 용어는 그러한 명상 기법의 집합체를 통틀어 지칭하는 것으로 사용되었다. 여기에서 명상 수행자는 외적인 대상이 아니라 오히려 자신의 생각들, 곧 다름 아닌 망상의 근원에 집중한다. 그는 자신의 생각이 휙 스쳐지나가는 것을 보면서 그것을 통제하려 들지도 않고, 그것의 마력에 휩쓸리지도 않는다. 그러면서 점차 마음을 자연스러운 흐름 속에 머물게 하는 것을 배운다. 또한 모든 표지들을 내던지고, 주의집중이라는 행위 자체도 그만두면서 자기 마음이 순수한 상태에 남게 한다. 이렇게 모든 정신적 사건들을 그 참된 본성, 곧 공성(空性)으로서 인식하게 된다. 모든 생각들을 인식함으로써 그는 자연스럽게 모든 생각들로부터 자유로워지는 것이다. 명상 수행자는 자신이 경험하는 모든 일들이 본질적이며 자연스러운 것임을, 그리고 모든 일들은 공하므로 그 자체가 깨달음임을 인식한다. 이 단계에서 그는 더이상 형식적 수행으로서 '명상하지' 않고, 대신에 일상생활의 흐름 속에서 자유로이 머무르는 것이다.

이와 똑같은 자연스럽고 자발적인 것에 대한 추구가 선 전통을 특징짓는데, 이는 앞 장에서 살펴본 것과 같다. 초기의 선사(禪師)들은 위대한 상징의 기법과 매우 유사한 것들을 가르쳤던 것 같다. 선사들의 기이하면서도 놀라운 행위에 관한 이야기들은 모방해야 하는 천진무구함의 첫 전범(典範)이 되었고, 이어 그 자체가 명상의 주제가 되었다. 이는 그것들이 진리의 열쇠를 간직하고 있다고 여겨졌기 때문이다.

요약

명상은 매우 중요하며, 팔정도의 실천에서 중심적인 요소이다. 차분히 가라앉히는 명상의 기법들을 사용하여 자애로움과 같은 태도를 기름으로써 다른 이들에 대한 깊은 도덕적 관심이 길러진다. 이러한 관심에 기초하여 그들의 안녕을 위해 자발적으로 행위하기 시작하며, 그들의 관심사를 자신의 그것과 대등하게 보게 된다. 불교의 황금률은 이렇게 권고한다. "모든 존재들은 행복을 추구하고 고통을 피하기 때문에, 결코 자기 자신에게 행해지기를 바라지 않는 어떠한 것도 다른 이들에게 행해서는 안 된다." 이런 종류의 원리들에 따라 행위함으로써 덕(sīla)을 완성하게 된다. 통찰명상을 통해 분석적 이해를 닦음으로써 지혜(paññā)가 생겨나고 고성제, 집성제, 멸성제, 도성제를 이해하게 된다.

팔정도의 세 요소들, 곧 계율, 명상, 지혜는 따라서 삼각형의 세 면과 같다. 그러나 명상은 단지 덕과 지혜를 얻기 위한 수단이 아니다. 만약 그렇다면 명상은 그것들을 얻기만 하면 버려도 되는 기법에 지나지 않을 것이다. 붓다가 스스로 깨닫고 난 뒤에도 계속해서 명상을 수행했음을 감안하면, 명상에서 경험되는 상태들은 본질적으로 가치 있는 인간적 경험이라고 결론지어도 무방할 것이다.

제 8 장

윤리

다르마

도덕(sīla)은 팔정도의 세 부문 중 첫째이며, 종교적 삶의 토대이다. 도덕성의 개발은 명상(samādhi)과 지혜(paññā)를 닦는 데 필요한 선결요건이다. 도덕적 삶을 사는 것은 다르마에 따라 사는 것이다. '다르마(Dharma)'라는 용어는 많은 뜻을 가지고 있지만, 그 저변에 깔린 개념은 우주의 물리적·도덕적 질서를 지배하는 보편적 법칙에 관한 것이다. 다르마는 지고(至高)의 존재가 만들어낸 것도 아니고, 그에 의해 통제되는 것도 아니며, 신들 자신이 그 법칙의 지배를 받는다. 불교에서 이 용어는 자연적 질서를, 그리고 이미 언급한 것처럼 불교의 윤리적·종교적 가르침의 전체를 가리키는 데 사용된다. 불교의 가르침이 객관적으로 참되며 사물의 본성과 일치한다는 의미에서 양자 사이에는 상관성이 있다고 느껴진다.

다르마는 '자연 법칙'으로 번역될 수도 있는데, 이 용어는 자연 현상의 행태에 보이는 질서와 규칙성의 원리라는 그 주된 의미, 그리고 붓다와 같은 깨달은 자에 의해 그 필요성이 발견된 보편적 도덕 법칙의 개념이라는 두 가지 뜻을 담고 있다(붓다는 다르마를 발견했지 발명한 것은 아님에 주의하라!). 삶의 모든 측면은 다르마에 의해 규율되는데, 해가 뜨는 것, 계절이 이어지는 것, 별자리가 움직이는 것을 규율하는 물리 법칙이 그러하다. 도덕적 질서에서 다르마는 업의 법칙으로 나타나는데, 이것은 도덕적 행위가 개인의 현재와 미래의 삶에 영향을 끼치는 방식을 지배한다. 다르마에 따라 살고 그 요건들을 이행하는 것은 행복과 성취, 구원으로 인도하지만, 그것을 무시하고 거스르는 것은 윤회(saṃsāra) 속의 끝없는 고통으로 이끌 뿐이다.

인도의 도덕적 전통 일반과 마찬가지로 불교는 그 윤리적 요건들을 의무의 형태로 표현한다. 가장 일반적인 도덕적 의무는 오계(五戒)에서 발견되는데, 살생이나 도둑질 등을 삼가는 것이다(아래 글상자 참조). 이는 모든 이들에게 예외 없이 적용된다. 불교도가 되면 공식적으로 계율들을 의례적 맥락에서 '취하는데'(또는 받아들이는데), 그때 사용된 단어들의 형식은 그 사람이 취한 의무가 자유롭고 자발적인 성격을 띠고 있

193

음을 인정한다.

불살생 또는 생명의 불가침성

불교 윤리의 초석은 생명의 불가침성(不可侵性)에 대한 믿음이다. 이러한 이상은 불교나 자이나교(어떤 측면에서 불교와 유사한 사문 전통으로서 불교보다 약간 먼저 창시됨)와 같은 비정통의 출가자(사문沙門, samaṇa) 운동에 의해 열렬히 추진되었지만, 점차 정통 종파에도 영향을 끼쳤다. 동물을 희생하는 것은 고대부터 인도의 종교의식에서 중요한 역할을 했지만, 불교와 자이나교 양쪽에서는 잔인하고 야만적인 것으로서 거부되었다. 그들의 영향을 부분적으로 받음으로써 정통의 바라문교 전통에서 유혈이 낭자한 희생제의는 점차 채소, 과일, 우유와 같은 상징적 공물(供物)로 대체되어갔다.

출가자들 사이에서는 삶의 존엄성의 원칙, 곧 불살생(不殺生, 또는 불해不害, ahiṃsā)은 종종 극단으로 치닫기도 했다. 자이나교 승려들은 예컨대 의도치 않게 행위할 때조차도 곤충과 같은 작은 생명체를 해치지 않도록 최대한 주의하였다. 그들의 실천은 불교에도 약간의 영향을 끼쳤는데, 불교 승려들은 마실 물에 들어 있는 작은 생명체를 파괴하는 일이 없도록 확실히 하기 위해 채를 사용하기도 했다. 그들은 또 비가 내린

불교의 계율들

불교에는 다섯 개 조(條)의 주된 계율이 있다.

1) 오계(五戒, pañcasīla), 2) 팔계(八戒, aṭṭhaṅgasīla), 3) 십계(十戒, dasasīla), 4) 십선업도(十善業道, dasakusalakammapatha), 5) 승가의 규율(바라제목차波羅提木叉, pāṭimokkha)

이런 조목들 중 가장 널리 지켜지는 것이 첫째의 재가자를 위한 오계이다. 오계는 1) 살생(殺生), 2) 도둑질(투도偸盜), 3) 성적인 문란함(사음邪淫), 4) 거짓말(망어妄語), 5) 취하게 하는 것을 섭취하는 것(음주飲酒)을 금한다. 불교 도덕의 핵심은 처음의 네 가지에 들어 있다. 이것들은 수행자의 지위에 따라서, 또는 특별한 의식에 맞추고자 더 엄격한 계율들에 의해 보충되기도 한다. 다섯째 계율인 취하게 하는 것을 금하는 것은 예컨대 특히 재가자들과 관련되는 것으로 생각된다. 이와 달리 팔계와 십계는 기본적인 오계를, 식사를 할 수 있는 시간에 관한 것과 같은 추가적인 제약들로 보완한 것으로서, 흔히 성스러운 날 행해지는 추가적인 책무로 받아들여진다. 십선업도는 특히 아비다르마(Abhidharma)와 대승의 문헌에 공통되는 규정으로서 신체의 행위(1~3), 언어 행위(4~7), 그리고 마음의 행위(8~10)를 통제한다. 이 열 가지는 1) 살생하지 말 것(불살생不殺生), 2) 훔치지 말 것(불투도不偸盜), 3) 성적인 문란함을 피할 것(불사음不邪淫), 4) 거짓말하지 말 것(불망어不妄語), 5) 비방하는 말을 삼갈 것(불양설不兩舌), 6) 거친 말을 삼갈 것(불악구不惡口), 7) 나태한 말을 삼갈 것(불기어不綺語), 8) 탐욕을 떠남(불탐욕不貪欲), 9) 화내지 않음(불진에不嗔恚), 10) 바른 견해(불사

→

견不邪見)이다. 마지막 세 가지는 마음과 관련되며, 좋고 나쁜 생각들조차도 업의 효력이 있을 수 있음을 보여준다. 율(律, vinaya)에 포함된 승가의 규율(pāṭimokkha)은 200가지가 넘는 규칙들의 집합으로서(정확한 수는 학파마다 다름), 승려 공동체의 삶을 위한 규율들을 자세히 제시하고 있다.

뒤에 번식하게 되는 곤충들과 그 밖의 작은 생명체들을 밟는 일을 피하기 위해 우기에는 돌아다니는 것을 삼갔다. 어떤 불교 문화권에서는 농사짓는 일을 꺼렸는데, 땅을 갈면서 어쩔 수 없이 생명을 파괴하게 되기 때문이었다. 그러나 불교는 생명의 존엄성에 대한 인도(그리고 인도-유럽)의 전통적 견해를 공유하고 있었지만, 생명의 파기(破棄)에 대하여 그것이 고의에 의해서 또는 부주의 탓에 벌어졌을 때에만 도덕적으로 잘못된 것으로 여겼다.

덕

비록 계율들이 불교 도덕에서 매우 중요하지만, 도덕적 삶에는 규칙을 따르는 것 이상의 무엇이 있다. 규칙들은 단지 따라야 할 뿐만 아니라, 바른 이유에서 그리고 바른 동기에서 따라야 한다. 덕의 역할이 중요해지는 것은 바로 이 지점에서이며, 불교의 도덕 일반은 계율이라는 한쪽 면과 덕이라는 다른 쪽 면을 지닌, 마치 동전과 같은 것에 견줄 수 있다. 실은 계율 이란 어디까지나 유덕한 사람이라면 결코 행하지 않을 것들 의 목록이라고 보아도 좋을 것이다.

초기의 자료들은 단지 외적 규칙을 따르는 데 그치기보다 는 바른 성향과 습관을 닦음으로써 내면화되고 바르게 통합 된 믿음이나 가치관이 도덕적 행동으로 자연스럽고도 자발적 으로 표출되도록 하는 것이 더 중요함을 강조하고 있다. 계율 에 대한 많은 문구들이 이를 명확히 하고 있다. 우선 첫째 계 율을 따르는 어떤 이에 대하여 경전은 이렇게 말한다. "곤봉과 검을 던져버리고, 그는 모든 살아 있는 생명체를 자비롭고 친 절하게 대한다"(D.i.4). 따라서 생명을 빼앗는 일을 삼가는 것 은 타고난 성향을 거스르는 강제된 제약이라기보다는 이상적 이게도 자비심에 의해 살아 있는 것들과 하나가 된 데 따른 결 과인 것이다. 이 계율을 완벽하게 지키려면 보편적 자애와 자 비라는 약해지지 않는 성향과 함께, 살아 있는 것들 사이의 관 계에 대한 심오한 이해가 필요하다(불교에 따르면 다시 태어나 는 기나긴 주기 동안 우리는 서로의 아버지이자 어머니, 자식 등이 었던 것이다). 비록 소수만이 이러한 능력을 온전히 갖추었지 만, 그들은 계율을 존중하면서 스스로를 그런 능력을 지닌 이 의 조건에 점차 길들어지게 하였고, 그러면서 깨달음에 한 걸음 가까이 다가갔다. 초기의 공동체에서 붓다는 어떤 규칙도 필요하지 않았기에 그 규칙들을 정하지 않았는데, 이는 승가의 모든 구성원이 아라한이었기 때문이다. 그러다 행동양식이 규제되기에 이른 것은 오직 깨닫지 못한 자들이 그 공동체에 합류한 때였던 것이다. 아리스토텔레스가 지적한 것처럼 덕이란 행하기 어려운 것에 대한 것이며, 불교에서 말하는 덕행을 쌓는다는 것은 자만이나 이기심과 같은 부정적 성향(또는 악덕)을 물리치는 것이다. 후대 문헌에 보이는, 덕행과 악행에 대한 기나긴 목록은 세 가지 덕, 곧 집착하지 않음〔무탐無貪, arāga〕, 자애로움〔무진無瞋, adosa〕, 이해〔무치無癡, amoha〕라는, 불교의 세 가지 주덕(主德〔삼선근三善根〕)의 핵심적 덩어리로부터 외삽(外揷)된 것이다. 이것들은 앞에서 언급한 세 가지 '악의 뿌리'〔삼불선근三不善根〕, 곧 탐욕(rāga), 혐오(dosa), 망상(moha)의 반대이다. 집착하지 않음은 자신의 필요에 특권적 지위를 부여함으로써 도덕적 행위를 오염시키는 식의 이기적 욕망이 없는 것을 의미한다. 자애로움은 모든 살아 있는 생명체에 대한 선의의 태도를 뜻하며, 이해는 사성제와 같은 교리에 제시된 인간의 본성과 인간의 선(善)에 대한 앎을 의미한다.

승려의 윤리

불교의 비구 또는 비구니의 삶은 율(律, vinaya)에 의해 통제된다. 율장은 빨리어 정전의 일부이며, 승가의 모든 측면에 대한 정보를 담고 있는 강요서(綱要書)이다. 이것은 승려의 행위의 문제가 빚어진 기원, 역사, 초기의 결집(結集)들, 나아가 그것을 둘러싼 논쟁들을 기술하고 있으며, 교단의 전통이 어떻게 발생했는지를 말해준다. 테라와다 종파의 율장에는 '바라제목차(波羅提木叉, pāṭimokkha)'로 알려진 227개 조항의 규범이 포함되어 있는데, 여기에는 승려들이 공동체 안에서 어떻게 살아야 하는가에 대한 지시사항이 상세히 제시되어 있다. 많은 점에서 율은 성(聖) 베네딕트(?-547)의 규칙에 비할 수 있는데, 후자는 그리스도교 수도자의 일상생활을 위한 모범으로서 도입된 것이다. 그러나 승가의 계율은 성 베네딕트의 규칙보다 훨씬 길다. 다른 무엇보다도 그것은 왜 각각의 규칙이 도입되었는지에 대하여 그 정황과 함께 새로운 상황에 맞게 수정된 것들에 관해 설명해준다. 그 내적 증거는 많은 규칙들이 붓다의 열반이 있고 나서 얼마 뒤에 만들어진 것임을 시사하지만, 붓다는 그 규칙들을 제정한 자로서 대표된다. 승려들은 어떤 종류의 옷을 입어야 하는지, 그들의 거처는 어떻게 세워져야 하는지, 침상은 바닥에서 얼마나 높아야 하는지, 어떤 유형의 깔개(방석)를 써야 하는지 등에 관한 제법 기술적

(技術的)인 정보들이 제시되어 있는 것이다.

그러나 일상생활에 대한 복잡한 세부사항만큼이나 승가의 율은 살생, 도둑질, 거짓말을 금하는 계(戒)와 같은 중요한 도덕적 지침들도 포함하고 있다. 때때로 이것들은 승려라는 맥락과 관련하여 특별히 채택되기도 하는데, 예컨대 거짓말을 못하게 하는 율은 자신의 정신적 성취에 대해 잘못된 주장을 하는 것을 금하고 있다. 더욱이 이러한 명목 아래 특별한 잘못을 기록한 것들은 윤리적 관점에서 지극히 중요한 정보의 근원이다. 여기에 보고된 갖가지 사건의 전말은 그 규칙들 자체에 깔려 있는 윤리적 원리와 관련해서 매우 긴요한 실마리를 던져주고 있다. 붓다의 설법에서 도덕적 규범들은 흔히 설명이 별로 없는 요약적 형태로 제시된 반면, 승려의 규칙에서는 갖가지 잘못의 본성이 무엇인지를 좀더 명확하게 분간하는 것이 가능하다. 율의 해석에 대한 여러 주석서와 토론들은 도덕철학이라는 분과 학문에 불교가 가장 근접할 수 있는 지점으로서, 윤리학의 많은 논점들이 분명하게 밝혀져 있다.

따라서 위에서 언급한 승려의 계율들은 자제력과 자기훈련을 닦기 위해 고안한 추가적 수행들과 도덕적 계율들을 결합한 것으로 볼 수 있다. 여러 조목들로 이루어진 승려의 규율들은 승가 공동체 내부가 표준화되고 일사분란해지는 것을 보장하는데, 그럼으로써 분쟁과 불일치가 최소한으로 그치고

교단은 스스로를 대체로 세계에 대한 도덕적 소우주로서 제
시하는 것이다.

숙련된 수단

대승의 윤리에서 중요한 혁신은 숙련된 수단, 곧 선교방편
(善巧方便, upāya-kauśalya)이라는 교리이다. 이 개념의 뿌리는
다르마를 가르치는 붓다의 숙달된 기술에서 찾을 수 있는데,
이것은 그가 자신의 메시지를 그것이 전달되는 맥락에 잘 맞
추는 능력으로 표출되었다. 예컨대 브라만에게 이야기할 때,
붓다는 그들의 의례와 전통들을 언급하면서 자신의 가르침을
설명하여 청중들이 불교 교리의 진리를 단계적으로 알아차리
도록 안내했다. 우화, 은유, 직유는 그의 설법 레퍼토리의 중
요한 부분을 구성하는데, 그것들은 청중의 수준에 맞게끔 능
숙하게 재단(裁斷)되어 있다.

대승은 『법화경』과 같은 문헌에서 초기의 가르침들이 능숙
하게 전달되었을 뿐만 아니라 그 전체가 '방편(方便, upāya)'이
었음을 시사함으로써 이 개념을 근본적으로 발전시켰다. 이
개념은 윤리학에서 몇 가지 함의를 지닌다. 만약 초기의 가르
침이 궁극적이라기보다는 임시적인 것이라면, 거기에 내포된
계율들도 궁극적 본성이라기보다는 임시적 본성을 가진 것이

될 것이다. 따라서 초기의 자료들에서 반복적으로 만나게 되는, 몇 가지 행위를 금하는 분명하고도 엄격한 규칙들이 궁극적으로 구속력을 지닌 것은 아니고, 그보다는 예비적 단계에 있는 이들을 위한 지침과 같은 것으로 해석될 수 있는 것이다. 특히 보살들은 대승의 새로운 도덕적 영웅들로서, 자비의 중요성에 대한 인식에 바탕하여 더 많은 도덕적 허용범위와 유연성을 요청할 수 있게 된다. 보살은 모든 존재들을 구제하겠다는 서원을 하는데, 많은 문헌에는 그가 자신의 사명을 이루기 위해 나아가는 데 장애가 되는 것처럼 보이는 규칙과 규율들을 참아내지 못했다는 증거가 있다. 자비를 위해 규칙들을 변칙적으로 적용하거나 유예하는 데 따르는 압박감으로 인해 때로는 계율의 파기를 허용하는, 보살을 위한 새로운 실천 조목을 제정한 문헌이 출현하기도 한다. 더 극단적인 경우에는 심지어 살생조차도 어떤 사람이 (깨달은 사람을 죽이는 것과 같은) 극악한 범죄를 저지르는 것을 막으려는 차원에서 정당화되기도 하는데, 그럴 경우 그 살인자가 업보를 받게 될 것이기 때문이다. 거짓말을 하는 것과 여타 계율의 위반 또한 예외적인 경우에는 허용될 수 있다고 한다.

권리

의무에 대해서 언급했지만, 권리에 대해서는 아직까지 말하지 않았다. '선택의 권리', '생명의 권리', 그리고 (안락사라는 맥락에서) '죽을 권리'와 같은 구호들은 오늘날 종종 유행하는 논쟁거리이다. 그러나 초기의 불교 자료에는 서구에서 이해되는 것과 같은 '권리'의 개념에 상응하는 단어가 없다. 서구에서 권리라는 개념은 다른 곳에서는 재현되지 않은 특별한 사회적·정치적·지적 발전의 결과물로서 나타났다. 18세기 계몽주의 이래로 그것은 법률과 정치의 담론에서 중심적 지위를 차지했고, 개인들이 정의에 대한 자신의 주장을 표현하는 부드럽고 유연한 언어를 제공해주었다. 권리는 개인에게 부여된 행사(行使) 가능한 힘이라고 정의할 수 있을 것이다. 이러한 힘은 권리를 가진 이로 하여금 다른 이들에게 어떤 요구사항을 강제하게끔 하거나 또는 다른 이들이 자신에게 강제하고자 하는 요구사항으로부터 면탈(免脫)된 채 있을 수 있게 해주는 이익 또는 자격으로 볼 수 있다.

만약 불교에 권리라는 개념이 없다면, 도덕적 문제를 논할 때 불교도들이 권리에 대한 언어를 사용하는 것이 어느 정도나 적절할까? 불교도라면 권리와 의무는 서로 연관되어 있기 때문에 권리에 대한 담론 역시 불교에 부적합한 것이 아니라고 주장할지도 모른다. 권리는 의무의 역(逆)으로 간주될 수 있다. 만약 A가 B에 대해 의무가 있다면, B는 수혜자의 입장에 있게 되고 A쪽의 의무 이행으로부터 오는 어떠한 이익에 대해서건 **권리**를 가진다. 비록 권리가 불교 자료들에 명시적으로 언급되어 있지는 않지만, 그것이 업의 의무라는 개념에 함축되어 있다고 생각할 수 있다. 만약 왕이 정의롭게 다스릴 의무를 진다면, 신민들은 공정하게 대우받을 '권리'를 지닌다고 말할 수 있을 것이다. 좀더 일반적인 수준에서 만약 모든 사람이 생명을 해치지 말아야 할 의무를 진다면, 살아 있는 생명체에는 삶의 권리가 있으며, 만약 모든 사람이 훔치지 말아야 할 의무를 진다면, 모든 사람들에게는 부당하게 재산을 빼앗기지 않을 권리가 있는 것이다. 따라서 권리의 개념은 다르마에 함축되어 있으며, 권리와 의무는 정의라는 공동선(共同善)을 향해서 나 있는 분리된 유리창과 같은 것이라고 주장할 수 있을 것이다.

인권

1948년의 유엔 세계인권선언과 같은 현대의 인권 헌장들은 모든 인간이 인종이나 교의에 대한 구분 없이 가지고 있다고 주장되는 기본적 권리들의 항목을 제시한다. 많은 불교도들은 그러한 헌장을 따르며, 달라이 라마와 같은 불교 지도자들이 종종 이런 헌장들로 구현되는 원리들을 옹호하고 있음을 볼 수 있다. 이런 권리들 가운데 어떤 것은 불교 자료에서도 이미 언급되어 있었다. 살아 있는 존재들을 거래하는 것을 금하는 내용의 경전 문구에서는 노예로 지내지 않을 권리를 발견할 수 있다(A.iii.208). 또한 다른 인권들도 불교의 계율에 함축되어 있다고 주장할 수 있다. 살해당하거나 고문당하지 않을 권리는 예컨대 첫째 계율에 함축된 것으로 볼 수 있다.

그러나 전승된 자료들은 대체로 오늘날 인권 문제로 여겨지는 종류의 문제들에 대해서는 거론하고 있는 것이 별로 없다. 물론 권리에 대한 명시적 개념이 없기 때문에 이러한 상황은 이미 예견되는 바였지만, 불교는 인권의 개념이 불교 교리에 어떻게 정초될 수 있는지에 대한 일말의 설명을 제시해야 한다. 이것을 어떤 식으로 시도할 수 있을까? 우선 인권은 인간 존엄성이라는 개념과 밀접하게 결부되어 있음을 지적하는 것으로부터 시작할 수 있을 것이다. 많은 인권 헌장들은 사실 후자로부터 전자를 명시적으로 도출하고 있다. 여러 종교에서 인간 존엄성은 인간이 신의 이미지로 창조되었다는 사실로부터 도출된다고 말한다. 물론 불교는 그런 주장을 하지 않는다. 이는 인간 존엄성의 근원이 무엇일 수 있는지를 보기 어렵게 만들어버린다. 만약 그것이 신학적 수준에서 추구할 수 없는 것이라면, 그것은 인간 수준에서 찾을 수 있을 것이다.

불교에서는 인간의 존엄성이 붓다라는 역사적 인물과 불교 전통의 성자들이 보인 것과 같은, 깨달음을 얻을 수 있는 인간 능력에서 비롯된다. 붓다라는 존재는 인간 잠재력을 생생하게 축복해준 것이며, 바로 그가 예시한 바와 같은, 모든 인간이 모방할 수 있는 자질인 심오한 앎과 자비에서 인간 존엄성을 찾을 수 있는 것이다. 불교는 우리 모두가 잠재적인 붓다라고 가르친다(어떤 대승 종파들은 이를 모든 존재가 '불성' 또는 깨달음의 씨앗을 가지고 있다고 표현한다). 이런 깨달음을 얻기 위한 공통된 잠재력에 의해 모든 개인은 존중받을 가치가 있고, 따라서 정의는 각 개인의 권리가 반드시 보호받아야 함을 요구하는 것이다.

전쟁과 테러

위에서 살펴본 것처럼, 불교의 가르침은 폭력에 완강히 반대하며, 그것을 탐욕(rāga), 혐오(dosa), 망상(moha)와 연관된 정신 상태의 산물로 간주한다. 공격성은 자아(ātman)에 대한 잘못된 믿음과 그 자아를 해로움으로부터 보호하려는 욕망이 부추긴 것으로 생각된다. 이러한 자아와 ('내 것', '내 나라', '내 인종'과 같이) 거기에 속하는 것에 대한 강렬한 느낌은 '외부인' 또는 '타인'에 대한 의심과 적의(敵意)로 이끌리는, 둘로 쪼개

지는 날카로운 느낌을 낳는다. 불교의 가르침이 목표로 삼는
것은 자아에 대한 이런 느낌, 나아가 갈등이 빚어지도록 부추
기는 두려움과 적의를 해소하는 것이다.

이 맥락에서 중요한 덕목이 인내(인욕忍辱, khanti)인데, 관
용이나 참을성이 부족할 때에 종종 폭력적 분쟁이 벌어지기
때문이다. 인내의 수행을 예시하는 불교 이야기가 여럿 있는
데, 예컨대 『칸띠와디의 전생담Khantivādi Jātaka』과 같은 것이
그것이다. 이 이야기에서 금욕 수행자인 칸띠와디는 왕의 명
령에 의해 자기 수족이 하나하나 베어질 때에도 성내지 않음
으로써 특유의 인내심을 보여준다. 인내심을 닦는 것은 평정
심(사捨, upekkhā), 곧 친구가 되었든 적이 되었든 모든 사람들
에 대해서 가지는 평등한 마음에 달려 있다. 지금 적인 사람
도 다른 삶에서는 분명 우리의 친구였고, 따라서 어떤 사람도
영원히 적으로 남아 있지는 않을 것이라고 지적하고 있는 것
이다.

초기 자료에서 전쟁을 언급할 때에는 전쟁이 살생을 내포
하고 살생은 첫째 계율을 위반한 것임을 근거로 거의 예외 없
이 그것을 비난한다. 그것이 공격적인 것이건 방어적인 것이
건 그다지 상관없는데, 어떤 경우건 생명의 손실이 발생하기
때문이다. 성스러운 전쟁에서 죽은 무사의 운명에 대한 이슬
람의 견해와 극히 대조적으로, 붓다는 전투에서 죽은 군인은

특별한 천국이 아닌 특별한 지옥에 가게 되니, 죽음의 순간 그 마음이 죽이고자 하였기 때문이라는 견해를 『숫따니빠따Sutta Nipāta』에서 표명하고 있다(Sn.iv.308-11). 어떤 문헌은 자기 자신이나 가족과 친구를 지키기 위한 살인도 잘못된 것이며, 일반적으로 폭력을 마주한 상태에서도 무저항이 권장된다고 단언한다. 『법구경(法句經, Dhammapada)』에 대한 주석서는 붓다의 친족인 석가족이 공격을 받았을 때에 그들이 어떻게 해서 첫째 계율을 어기는 대신에 차라리 학살당하는 것을 허용했는지에 대해서 전하고 있다. 전생담(前生談, Jātaka) 등의 다른 사례들은 폭력에 의지하여 왕국을 지키느니 왕좌를 버린 왕자와 왕들에 대해 말하기도 한다.

불교도들은 통치자가 왜 평화적 수단으로 다스려야 하는지에 대한 모범 사례로서 종종 아쇼까왕을 거명한다. 6장에서 언급한 것처럼, 아쇼까는 3세기에 인도에서 대제국을 통치했다. 즉위 후 8년이 지나서는 군대를 보내 깔링가(Kaliṅga)를 공격하게 했는데, 동부 해안의 이 지역은 그에게 저항하려고 하였다. 군사작전은 유혈이 낭자하였고, 희생자가 많았다. 그의 제국 전역의 바위와 석주(石柱)에 새겨진 수많은 비문 가운데 하나(열넷째 비문)에 아쇼까는 깔링가 정벌에서 15만 명이 쫓겨나고, 10만 명이 전투에서 살해되었으며, 이와 관련된 혼란 때문에 그보다 더 많은 사람들이 죽었다고 보고하고 있다. 그는 다치거나 살해되었거나 사랑하는 이들과 헤어지게 된 보통의 무고한 사람들(바라문, 금욕주의자들, 그리고 다른 종교를 가진 재가자들)의 고통을 보고 느낀 괴로움을 토로하였다. 전쟁에서 목숨을 잃는다는 것은 그를 공포에 질리게 하였고 그의 마음을 완전히 바꾸게 하였으며, 그 결과 그는 더이상 군사작전을 동원하지 않고 다르마로써 다스리기로 결심하면서 "다르마에 의한 정복이 최고의 정복이다"라고 말하였다. 아쇼까는 전륜성왕(轉輪聖王, Cakravartin)이라는 전통적 개념, 곧 정의로운 불교적 왕을 모델로 삼으려 한 것으로 보인다. 그러나 비록 신화적인 전륜성왕이 다르마의 힘에 의해 평화적으로 정복한 것으로 그려지긴 했지만, 그럼에도 불구하고 그가 군대를 보유하고 있었고 이웃 왕국들을 여행할 때 군대와 함께 갔다는 점은 주목할 만하다. 그런 불합리한 점을 고려하여 몇몇 학자들은 무력의 사용에 대한 불교의 입장이 처음에 보이는 것만큼이나 분명한지에 대해서 의문을 표하기도 하였다. 그러한 유보적 태도는 후대의 문헌에 의해 강화된다. 초기 대승의 자료로서 아마도 2세기 저작으로 추정되는 『사띠야까의 변화Satyakaparivarta』(『불설보살행방편경계신통변화경佛說菩薩行方便境界神通變化經』 또는 『대살차니건자소설경大薩遮尼乾子所說經』으로 한역됨)는 일종의 정당한 전쟁옹호론의 초기 형태를 제시하였는데, 왕은 전쟁에 의지하기 전에 무엇보다도 먼저 우호적으로 대하고, 도움을 주고, 이어 위협을 가하도록 노력해야 한다는 전제를 달면서도 전쟁은 다른 수단이 소용없을 때 추구할 수 있는 것이라고 주장한다. 이 문헌은 자비나 방편과 같은 대승의 개념을 사용하여 불교의 영향력을 확산시키려는 정복 전쟁을 옹호하면서 전쟁과 고문, 가혹한 처벌을 정당화하고 있다. 정치적 폭력조차도 고려할 수 있다는 이 새로운 생각은 어떤 경우건 결코 폭력의 사용을 명시적으로 용납하지 않은 빨리어 정전에 나온 평화주의자 붓다로부터는 상당히 멀리 떨어져 있다. 현 달라이 라마가 애호하는 서적인 『시륜時輪 딴뜨라Kalachakra Tantra』 역시 불교도들과 '야만인들(산스끄리뜨 mleccha)' 간의 '성스러운 전쟁'을 예언하고 그 전투에서 야만인들을 격퇴할 전륜성왕이 도래할 것임을 예견하는, 논란의 여지가 있는 구절들을 포함하고 있다. 몇몇 학자들은 이 '야만인들'을 중세 말에 인도 북서부에서 불교 사원을 공격한 무슬림 무장병력과 동일시하지만, 다른 사람들은 그런 구절들을 종교적 수행자가 혐오나 분노, 공격성의 어두운 힘에 저항하여 벌이는 내적 투쟁을 기술한 것이라며 심리학적으로 해석한다.

이러한 문헌들을 어떻게 해석하든 역사는 많은 불교도 통치자들이 아쇼까왕의 평화주의적 사례에 부합되게 사는 데 실패했음을 보여준다. 스리랑카의 초기 역사에 따르면, 싱할라족과 인도 출신 타밀족 사이에 수많은 전투가 벌어졌다. 싱할라족 왕인 둣타가마니(Duṭṭhagāmaṇi, 1세기)는 타밀족 장군인 엘라라(Eḷāra)를 격퇴함으로써 민족적 영웅으로 여겨졌고, 이 섬의 역사를 담은 『대사(大事, Mahāvaṃsa)』라는 5~6세기 싱할라 연대기는 이 승리를 기리고 있다. 이 연대기는 그 분쟁을 불교도와 힌두교도 사이의 일종의 '성스러운 전쟁'으로 묘사하면서 불교의 승리를 찬미한다. 여기에서는 (아쇼까가 그랬던 것처럼) 둣타가마니가 전쟁에서 승리한 뒤에 회한을 느끼지만, 깨달은 승려(아라한)의 말을 듣고 다르마를 수호하는 과정에서 그가 불교의 계율에 맞지 않는 것은 그 어떤 것도 하지 않았음을 이야기하고 있다. 오늘날 고(故) 왈폴라 라훌라 (Walpola Rāhula, 1907-1997)와 같은 지도자급 승려들은 '정치적 민족주의'를 승인하는 말을 하면서 둣타가마니의 군사작전을 '십자군'으로 묘사하곤 하였다. 최근의 스리랑카 내전 기간에 불교 승려들은 정규적으로 군복무를 하였고, 현재 태국이나 한국, 미국의 군대에서는 군복무를 하고 있는 불교 사제〔군목軍牧〕들이 보인다.

현대에는 불교 승려들이 종종 그들의 적에 대한 반감을 노골적으로 드러내면서, 무력을 써서 적을 뿌리 뽑으라고 요청하기도 한다. 1970년대에 태국의 승려 키티붓도(Kittivuḍḍho)는 공산주의를 강하게 비난하며 공적인 성명서에서 공산주자들을 절멸시킬 것을 주문했다. 이는 종교적 의무이며, 타이족과 그들의 왕가(王家), 그리고 민족 종교(불교)를 지키기 위해 필요한 일이라고 그 승려는 주장했다. 그의 관점에서는 5천 명 정도의 공산주의자들을 죽이는 것은 4천 200만 명의 타이족의 행복을 보장하기 위해 값을 치를 만한 것이었다.

불교 세계에서는 남아시아에서만 전쟁이 벌어진 게 아니다. 한때 동아시아의 일부 지역은 거의 지속적으로 전쟁터가 되었으며, 불교는 이에 휘말리면서 종종 폭력 행위의 가담자로서 적극 개입하기도 하였다. 중세 일본에서 불교 사원들은 방대한 토지를 소유하는 기구가 되었으며, 승려 무사(소헤이僧兵)들을 채용하여 토지를 지키고 적들을 위협하였다. 불교 종파들 사이에서, 그리고 군사 지도자(쇼군將軍)와 황실에 저항하는 전투가 벌어지기도 하였다. 많은 사무라이들은 선불교의 신념과 실천법이 그들의 무사도 정신과 아주 잘 부합된다고 느꼈는데, 이는 그것이 마음을 고도의 깨어 있는 상태로 훈련시키고 그들이 전쟁터에서 집중력을 가진 채 잘 통솔된 상태를 유지할 수 있게 해주었기 때문이다. 검투나 궁술(弓術)과 같은 무술은 선(禪)의 원리들로부터 큰 영향을 받았고, 불이(不二) 또는 공성(空性, śūnyatā)과 같은 철학적 교리들은 많은 이들이 혼란과 사회적 격동의 시기에 적합하다고 믿었던, 도덕적 규준이 유예되는 상황에 걸맞은 이념을 제공하였다.

테러

전쟁의 도덕적 딜레마와 밀접하게 관련된 것은 2001년 9월 11일 뉴욕의 국제무역센터에 가해진 것과 같은 테러 공격을 어떻게 다룰 것인가 하는 문제이다. 불에는 불로 맞섬으로써 테러리스트의 난폭함을 다스리는 것이 바른 길인가? '테러와의 전쟁' 문제에 대해서 공개적으로 언급해온 불교 지도자들은 세 가지 논점을 드는 경향이 있다. 첫째는 9·11의 발생 원인을 철저히 이해할 필요가 있음을 강조하는 것이다. 그들은 연기(緣起, pratītya-samutpāda)의 교리를 언급하면서 사건들은 마구잡이로 일어나지 않으며, 여러 수준에서의 복잡한 상호작용의 산물임을 지적한다. 그런 공격이 초래된 상황들을 이해하고 대응하기 전까지는 그 어떤 항구적 해결도 불가능하다. 둘째 논점은 무력에 무력으로 대응하는 것이 잘못이라는 것이다. 이와 관련해서는 『법구경』에 나온 말들이 떠오른다.

> 그는 나를 모욕했다, 그는 나를 때렸다, 그는 나를 압도했다, 그는 나에게서 물건을 훔쳤다. 그러한 생각을 품는 자들은 자신의 혐오를 가라앉히지 않는다(v.3).
> 혐오는 혐오에 의해 결코 달래지지 않는다. 혐오하지 않음으로써만 혐오가 달래진다. 이것은 영원한 진리이다(v.5).

미얀마 민주화운동의 지도자로 1991년 노벨평화상 수상자인 아웅산 수치(Aung San Suu Kyi, 1945-)는 테러에 대하여 다음과 같은 견해를 표명하였다.

아시다시피 나는 불교신자이다. 불교도로서 그 답은 아주 간
단하고 분명하다. 곧 자애심과 자비심이야말로 참된 만병통
치약이다. 나는 우리가 자애심과 자비심을 마음속에 가지고
있을 때 테러뿐만 아니라 세계를 괴롭히는 많은 악한 것들 또
한 극복할 수 있다고 확신한다.

종종 이들이 제시하는 셋째 논점은 그것이 갈등을 불러일으키는
데 직접적이든 간접적이든 간에 우리 자신이 떠맡았을지도 모르
는 역할에 대해 반성하고 자기비판을 할 필요가 있다는 것이다.
9·11 공격 이후 베트남의 승려이자 사회참여적 불교 지도자인 틱
낫한(Thich Nhat Hanh, 1926-)은 미국이 군사력보다는 대화에 의지
했더라면 더 잘 살았을 것이라는 견해를 표명하였다. 그에게 핵심
적인 질문은 "왜 그 짓을 할 만큼 누군가가 우리를 혐오했을까?"
였으며, 그의 답은 "우리가 들을 수 있다면 그들은 우리에게 말할
것이다"였다.

이러한 군국주의는 현대에도 목격되는데, 불교도들은 일본
민족주의를 적극 지지하였다. 선종(젠)과 정토종(조도슈)은 중
국을 상대로 전쟁을 벌인 1937년부터 1945년까지 재정적인
지원을 하였고, 2차대전 기간에는 대부분의 불교 종파들(주목
할 만한 예외는 소카갓카이임)이 연합군에 맞선 일본의 군사작
전을 지원했다. 중국의 비구와 비구니들 또한 한국전쟁에 참

전하였다. 그중 한 명인 신다오(心道)는 1951년 연설에서 "세계 평화를 파괴하는 미 제국주의 악마를 쓸어버리는 것은 불교 교리에 부합된다. 이는 떳떳할 뿐만 아니라 실로 공덕 또한 가져오는 것이다"라고 말하였다. 따라서 불교의 가르침에 보이는 평화주의에 대한 강조에도 불구하고 역사는 재가자건 출가가건 불교도들이 수 세기 동안 전쟁에 지속적으로 관여해왔음을 보여준다.

동시에 현대에는 군사력의 사용에 대한 강한 저항을 불러오기도 했다. 일본에서는 니혼잔묘호지파(日本山妙法寺派)가 후지이 니치다쓰(藤井日達, 1885-1985)에 의해 1917년에 창시되었다. 니치렌 불교의 분파인 이들은 평화주의를 촉진하고 핵무기 사용에 반대하고자 노력했으며, 60기가 넘는 탑이나 '평화의 탑'을 일본에 세웠고 인도에 다섯 기를, 스리랑카와 영국, 미국에도 2기씩 세웠다. 또하나의 영향력 있는 불교 집단인 소카갓카이 인터내셔널(SGI)은 회장인 이케다 다이사쿠(池田大作, 1928-)의 지도하에 "모든 형태의 폭력에 반대하며 평화를 위해 봉사한다"는 그 목적을 추구하면서 열렬히 활동해왔다. 이런 운동의 전면에서 활약하는 일본의 또다른 종파는 릿쇼코세이카이(立正佼成會)로서 "세계 평화의 실현을 위하여 공헌하기" 위해서 1978년에 니와노 평화재단을 설립했다. 오늘날과 같이 폭력이 날로 심해지는 세상에서 평화주의가 실제적 대안일 수 있는지 여부에 대한 논란도 광범위하게 벌어지고 있다. 많은 불교도 집단은 대부분의 상황에서 무력을 사용하는 것에 대한 건설적이고 비폭력적인 대안이 존재한다고 믿는다. 현명하게도 "평화주의(pacifism)는 소극적 저항주의(passivism)가 아니다"라고 하는데, 아마도 전쟁을 위해 쏟아부은 물자를 평화를 위해 쓴다면 대부분의 다루기 힘든 분쟁 중 많은 것들이 아예 벌어지지 않았거나 오래전에 해결되었을 것이다.

불교의 윤리적·법제적 차원은 불교가 서구에 전파되면서 점점 더 중요해질 것으로 보인다. 그것이 서구의 윤리와 법에 어떻게 적응하고 영향을 끼칠 것인가 하는 문제는 현대의 문화적 만남의 가장 흥미로운 측면 가운데 하나로, 이는 다음 장에서 다룰 주제이다.

제 9 장

서구의 불교

초기의 만남들

비록 불교가 아시아 전역으로 확산되었지만, 현대에 들어
서기 전까지 서구에는 사실상 알려지지 않은 상태로 남아 있
었다. 아쇼까왕에 의해 서역으로 파견된 초기의 전법자들의
활동은 결실을 거두지 못했고, 고대 인도에 온 서방의 방문자
들도 역사에 별다른 흔적을 남기지 않았다.

기원전 4세기의 아시아 원정으로 인해 알렉산드로스 대왕
은 오늘날 파키스탄 지역의 인더스강까지 도달하였다. 알렉
산드로스는 인더스강을 기원전 326년에 건넜지만, 서쪽으
로 되돌아간 뒤 얼마 지나지 않아 기원전 323년에 바빌론에
서 죽었다. 알렉산드로스 제국의 동부를 상속받은 셀레우쿠
스 니카토르(Seleucus Nikator, 대략 기원전 358-281)는 곧 자신

이 인도의 마우리야 왕조(기원전 321 - 기원전 184)와 맞서 싸우고 있음을 알게 되었다. 결국 기원전 303년에 평화협정이 맺어졌고, 메가스테네스(Megasthenes)라는 이름을 가진 그리스 사절이 아쇼카의 조부인 찬드라굽타 마우리야의 궁정을 방문하였는데, 이 궁전은 (오늘날의 파트나 지역인) 빠딸리뿟따(Pāṭaliputta)에 있었다. 이러한 최초의 접촉 이후 그리스인들에게 신비가(gymnosophist, '벌거벗은 철학자'라는 뜻)로 알려진 인도 성자들의 이야기들이 헬레니즘 세계에 유행하기 시작했다. 그러나 인도의 종교에 대한 정보는 빈약했고, 그 이야기들은 대개 머리를 팔 아래에 놓고 걷는 사람과 같은 불가사의한 일들에 관한 것이었다. 따라서 불교는 사실상 고전 세계에는 알려지지 않은 채로 있었다.

13세기에 마르코 폴로(Marco Polo, 대략 1254-1324)는 중앙아시아를 거쳐 중국으로 여행하였는데, 그 여정에서 그는 대승이라는 형태의 불교와 만나게 되었다. 붓다에 대해서 그는 이렇게 썼다. "그렇지만 그가 세례 받은 기독교인이었다면 그는 우리 주 예수 그리스도와 같은 반열의 위대한 성인이 되었을 것이다." 거의 비슷한 시기에 『발라암Barlaam과 요사팟Josaphaat』과 같은 이야기가 중세의 가장 인기 있는 서사들 가운데 하나가 되었다. 비록 당시의 독자들은 몰랐을 테지만, 대략 1천 년 전 인도에서 지어진 그 이야기는 붓다의 삶에 근거하고 있다. '요사팟'은 '보디삿뜨와(bodhisattva)'라는 단어가 변형된 것이다.

그 뒤 1498년에 포르투갈인들이 인도로 가는 해로를 발견하고 나서야 동방과 서방 사이의 지속적 접촉이 일어날 수 있었다. 그러나 아시아의 부강한 제국 쪽에서는 자신들과 멀리 떨어져 있고 인구밀도가 낮은 유럽 대륙이나 유럽인들에게는 별 관심을 두지 않았다. 그런 유럽인들 쪽에서 보자면, 아시아를 최초로 방문한 이들은 '이교도(異敎徒)'의 종교를 연구하기보다는 금을 발견한다거나 현지인들을 기독교로 개종시키는 일에 몰두하고 있었다. 비록 16세기부터 중국과 일본에서 불교와 맞닥뜨린 예수회 인사들은 불교에 흥미를 느꼈지만, 19세기가 되어서야 불교에 대한 진지한 관심이 생겨났고, 그 가르침에 대한 자세한 지식을 얻을 수 있게 되었다.

불교에 대한 지식은 세 가지 주된 통로를 거쳐 전해졌는데, 서구 학자들의 노력, 철학자·지식인·작가·예술가들의 작품, 그리고 구미(歐美)에 여러 형태의 불교를 소개한 이민자들이 그것이다.

학술적 연구

불교 문헌을 최초로 연구한 유럽인 가운데 한 명으로 이탈

리아의 예수회 선교사로서 1716년에 라사로 여행한 이폴리
토 데시데리(Ippolito Desideri, 1684-1733)가 있다. 그는 티베
트 세라(Sera) 승가대학에서 티베트 문헌을 공부했고, 티베트
학자들과 더불어 불교 및 기독교의 교리에 대해 논쟁했다. 더
욱이 식민지배 기간에 불교에 대한 학문적 관심이 커졌는데,
이는 유럽의 관리들이 아시아의 다른 지역들에 파견되는 것
과 맞물려 있으며, 그중 다수는 숙련되긴 하였지만 학문 연구
는 취미삼아 하는 사람들이었다. 영국 출신 주무관이었던 호
지슨(B. H. Hodgson, 1801-1894)에 의해 수많은 대승 산스끄
리뜨 사본들이 네팔에서 수집되었는데, 영국 출신 공무원으
로서 테라와다 불교 연구에 뛰어난 공헌을 했던 다른 한 사람
은 리스 데이비스(T. W. Rhys Davis, 1843-1922)였다. 리스 데
이비스는 스리랑카에 머무는 동안 불교에 관심을 갖게 되었
고, 나아가 1881년에는 빨리성전협회(Pali Text Society)를 설립
하였다. 이 단체는 오늘날까지 빨리어 불교 문헌의 본문과 번
역물을 출간하는 데 가장 중요한 통로이다.

또한 여러 나라의 전문 학자들도 불교가 서구로 전파되는
과정에서 중요한 역할을 했다. 1844년 프랑스인 외젠 뷔르누
프(Eugène Burnouf, 1801-1852)는 『인도불교사 입문』을 출간
하였고, 7년 뒤에는 『법화경』을 번역하였다. 독일에서 불교
에 대한 관심은 헤르만 올덴베르크(Herman Oldenberg, 1854-

1920)의 『붓다, 그의 삶, 그의 교리, 그의 공동체』가 1881년에 출간됨으로써 촉발되었다. 19세기 말에 미국인 헨리 클라크 워런(Henry Clarke Warren, 1854-1899)은 『번역으로 보는 불교Buddhism in Translation』(1896)를 출간하였는데, 이 책은 빨리어 정전에서 정선(精選)한 자료집으로서 오늘날까지 널리 읽힌다. 이 시기에는 미국 시카고에서 제1회 세계종교의회(Parliament of the World's Religions)가 열렸는데, 이는 세계의 상이한 신앙들을 대표하는 인사들을 불러 모아 그들의 공통된 기반을 탐색하기 위한 자리였다. 불교측 대표에는 아나가리까 다르마빨라(Anagarika Dharmapala, 1864-1933)가 포함되었는데, 그는 스리랑카인으로서 연설과 대중과의 만남을 통해 큰 인상을 남겼다. 그는 이후 10년 사이에 두 차례 더 이 행사에 참석하였고, 최초의 국제 불교도 연합으로서 인도 콜카타에 본부를 둔 마하보디협회(Maha Bodhi Society)의 미국 분회도 세웠다. 이 협회의 미국 부파는 서구 최초의 불교 조직이다. 20세기가 되자 곧바로 동남아시아 불교로부터 관심이 확장되어 티베트와 중국의 자료를 통한 대승불교 연구까지 포괄하게 되었다. 위대한 벨기에 출신 학자인 루이 드 라 발레 푸생(Louis de la Vallée Poussin, 1869-1938)과 그 이후의 에티엔 라모트(Étienne Lamotte, 1903-1983)는 이 분야에 엄청난 공헌을 하였다. 일본 불교도로서 강연과 영향력 있는 저술을 통

해 선불교에 대한 자각을 드높인 D. T. 스즈키(Suzuki, 1870-1966)에 대해서도 언급하지 않으면 안 될 것이다.

철학, 문화, 그리고 예술

불교가 서구 문화에 유입된 둘째 길은 철학, 문화, 그리고 예술을 통한 것이다. 독일의 철학자 아르투어 쇼펜하우어(Arthur Schopenhauer, 1788-1860)는 불교에 관심을 가진 서구의 첫 사상가였다. 믿을 만한 자료가 없었기 때문에 쇼펜하우어는 단지 불완전한 불교 지식만을 가지고 있었고, 불교가 자신의 다소 염세주의적인 철학을 확증하는 것으로 보았다. 모든 세계종교들 가운데 불교는 그에게 가장 합리적이며 윤리적으로 발달한 것으로 보였고, 그는 저술을 통해 불교를 자주 언급함으로써 19세기 후반에 서구 지식인들이 불교에 관심을 갖게 만들었다.

영국에서는 에드윈 아널드 경(Sir Edwin Arnold, 1832-1904)이 「아시아의 빛The Light of Asia」이라는 유명한 시를 1879년에 발표하였다. 이 시는 붓다의 삶과 가르침을 멜로드라마의 형식으로 기술하였는데, 이로써 붓다의 이야기는 대서양 양쪽의 빅토리아 시대 사람들에게 큰 인기를 모으게 되었다. 아널드는 예수와 붓다의 가르침 사이에서 많은 공통점을 본 기독

교인이었다. 1885년에 그는 붓다가 깨달음을 얻은 보드가야
를 방문했고, 황폐해진 그곳을 복구하기 위해 모금 활동을 벌
였다. 빅토리아 시대 사람들 사이에서는 초자연적인 것에 대
한 관심이 최고조에 이르렀는데, 1875년 헨리 올코트 대령
(Colonel Henry Olcott, 1832-1907)과 블라바츠키 부인(Madame
Blavatsky, 1831-1891)은 신지학회(神智學會, Theosophical
Society)를 창립하였다. 이 학회는 모든 종교의 핵심에 놓여 있
다고 믿어지는 내밀(內密)한 진리의 발견을 목적으로 삼았다.
주된 관심사는 동방의 종교들로서, 특히 불교는 상류층의 살
롱과 응접실에서 인기 있는 연구 및 토론 주제가 되었다.

　독일인 소설가 헤르만 헤세(Herman Hesse, 1877-1962)는
종종 불교적 주제들을 자신의 작품, 특히 여러 언어로 번역
된 1922년의 소설 『싯다르타』에서 언급하였다. 2차대전 후에
는 잭 케루악(Jack Kerouac, 1922-1969)의 소설 『길 위에서On
the Road』(1957)와 『다르마 행려Dharma Bums』(1958)가 비트 세
대(Beat generation)에게 인기가 있었고, 이후 수십 년간의 반
문화(反文化, counterculture) 운동에 영감을 불어넣었다. 절충
주의 사상가이자 철학자인 앨런 와츠(Alan Watts, 1915-1973)
는 선에 관한 수많은 책을 써서 독자들의 관심을 끌었지만,
다른 어떤 저작보다 로버트 피어시그(Robert M. Pirsig, 1928-
〔2017〕)의 『선과 모터사이클 관리술Zen and the Art of Motorcycle

16. 14대 달라이 라마, 성하(聖下) 뗀진 갸초.

Maintenance』(1974)이 비록 선(젠)보다는 서양철학에 더 관련되어 있기는 하지만, 확실히 불교의 이 종파가 적어도 명목상으로나마 서구에 널리 알려지도록 하였다. 영화 역시 서구 문화에 불교의 사상들이 확산되는 데 기여했는데, 헤세의 소설 『싯다르타』는 영화로 만들어져서 1970년대에 대학 캠퍼스에서 큰 인기를 끌게 되었다. 좀더 최근에는 인도와 미국에서 찍은 베르나르도 베르톨루치 감독의 〈리틀 붓다〉의 줄거리야말로 불교가 얼마만큼이나 서구 문화의 일부가 되어가고 있는지를 잘 보여준다. 영화의 줄거리는 붓다의 인생 이야기를 시애틀의 미국인 부모에게서 다시 태어난 티베트 라마를 찾아가는 과정과 엮어서 풀어나간다. 이어 마틴 스코세이지의 〈쿤둔〉(1997)과 장자크 아노의 〈티베트에서의 7년〉(1997)이 불교의 확산에 기여한 영화들에 속한다.

불교를 믿는 이민자들

불교가 서구에 유입된 셋째 통로는 이민이었다. 이는 미국과 유럽에 다른 방식으로 영향을 끼친 현상이다. 불교도 이민자들의 대다수는 미국으로 향했는데, 중국인 노동자들이 철도와 금광에서 일하기 위해 도착했을 때인 1860년대부터 시작되었다. 중국과 일본 출신의 이민자들은 주로 하와이에 정착했다. 이는 하와이가 미국에 공식적으로 병합된 1898년 이전의 일이었다. 베트남전쟁 이후에는 인도차이나 출신 이민자들이 밀려들었고, 대략 50만 명에 이르는 동남아시아 출신 불교도들이 미국에 정착했다. 이민자 공동체들은 포교 목적보다는 그들의 독특한 문화적 정체성을 보존하는 수단으로서 지역 사찰을 세우는 경향이 있었다. 1세대 또는 2세대 이후에야 주류 공동체와의 상호작용이라는 패턴이 발달하여, 상이한 문화적 배경을 가진 개인들이 특정 민족 집단의 구성원이라는 점을 앞세우기보다는 불교도라는 자각을 가지고서 만나게 되었다.

영국은 많은 수의 아시아 이민자들을 받아들였지만, 그들은 주로 인도 아대륙(亞大陸) 출신들로서 대다수가 힌두교도이거나 무슬림이었다. 인도차이나 출신 망명자는 영국에 약 1만 9천 명, 독일에 약 2만 2천 명, 프랑스에 약 9만 7천 명이 있다. 유럽의 대다수의 불교도들은 자신의 신앙을 견지한 이민자들이라기보다는 불교로 개종한 백인들이다. 비록 정확한 수효를 파악하기는 어렵지만, 영국에는 대략 100개의 티베트 센터, 대략 90개의 테라와다 센터, 그리고 대략 40개의 젠 센터가 있고, 이들과 함께 삼보불교회(Triratna Buddhist Community, 또는 '삼보종')를 비롯해서 100개 정도의 집단이 더 있다(삼보불교도회는 그전에 서구불교우의종[Friends of the

Western Buddhist Order)으로 불렸다). 유럽과 미국에서 불교로 개종한 이들은 중산층 백인들이 우세하다.

모든 주류적 형태의 불교가 이제 서구에서 그 모습을 보이고 있지만, 불교의 성장률에 대한 통계는 얻기가 어렵고 인용된 수치에도 상당한 차이가 있다. 찰스 프레비시(Charles Prebish)는 자신의 획기적 연구인 『미국불교American Buddhism』에서 1979년의 미국 불교도들의 수를 대략 수십만으로 추산했다. 채 10년이 지나지 않은 1987년에는, 54개의 관련 단체와 더불어 같은 해에 설립된 미국불교의회(American Buddhist Congress)가 그 수를 300만에서 500만으로 보고 있으며, 좀더 최근에는 대략 600만으로 보고 있다. 미국 내 불교도 집단과 기구들에 대한 인구조사가 시행된 적은 없지만, 프레비시는 현재 대략 1천 개 정도의 집단이 있다고 추정한다. 유럽에서는 불교도 수가 대략 100만 명으로서 그 성장세가 덜 극적이긴 하지만, 불교의 인기가 상승했음을 서구의 다른 곳에서도 확인할 수 있다.

서구의 불교 종파들

오늘날 불교는 서구에서 여러 가지 모습들을 보여주었다. 많은 청중들에게 호소한 첫째 유형의 불교는 젠(선)이었는데,

이는 2차대전 후 미국에서 인기를 끌었다. 많은 미국인들은 군복무 기간에 일본에 머물면서 일본 문화와 만났다. 젠은 미국에서 강한 매력을 지녔는데, 이는 젠이 전후 미국의 문화적 경향과 잘 조응되는 자연스러움, 소박함, 그리고 개인의 직접적 체험을 강조하기 때문이었다. 우상파괴적이고 반권위주의적인 젠의 정신은 또한 1950년대의 비트 세대와 1960년대의 히피 운동에서도 매력적으로 받아들여졌다. LSD나 메스칼린(mescalin) 같은 환각제를 복용해본 사람들은 종종 자신이 깨달음이라고 여겼던 '마음이 확장되는' 경험을 영적인 동기로 추구한다는 맥락에서 그런 시도를 하기도 하였다.

젠 이외의 일본 종파들 또한 서구에는 잘 나타나 있다. 최초의 그리고 가장 번성한 종파들 가운데 하나는 조도신슈(淨土眞宗)인데, 이는 1899년 하와이 호놀룰루에 세워졌다. 미국에 온 초기의 일본인 이민자들 중 상당수가 이 종파의 신도였고, 그 구성원들은 수십 년 동안 일본계 미국인 불교도들의 다수를 차지했다. 좀더 최근에 미국과 유럽에서 급성장한 집단 가운데 하나는 소카갓카이 인터내셔널이었다. 소카갓카이(創價學會, '가치를 창조하는 모임'이라는 뜻)는 원래 니치렌쇼슈(日蓮正宗)의 재가자 계파였는데, 그 종파로부터 1991년에 갈라져 나왔다. 소카갓카이 인터내셔널은 개종자를 활발히 찾았는데, 이는 긍정적이고 낙관적인 복음의 '좋은 소식'을 전한다는 점에서 그것과 다소 비슷해 보이는 복음주의 기독교 교파에 필적하는 성장세를 보였다. 개인들이 각자의 모든 목표를 '나무 묘호렌게쿄(『묘법법화경』에 귀의함'의 뜻)'라는 주문을 자주 욈으로써 성취할 수 있다는 이 종파의 가르침은 긍정적인 정신적 태도와 결부되어, 보다 낙관적이고 '세상을 긍정하는' 종류의 불교에 이끌린 이들에게 인기가 있음이 드러났다. 록 가수인 티나 터너는 이 종파의 일원이다.

티베트불교는 젠의 우아한 소박함과는 극히 대조적이다. 티베트불교의 의례, 상징, 그리고 의식들은 루돌프 오토(Rudolf Otto, 1869-1937)가 '신성한 영롱함(numinous)'의 체험, 곧 신비하고 기묘한 것으로서의 초자연적인 것에 대한 파악이라고 일컬은 것에 대한 강렬한 느낌을 자아낸다. 티베트의 의례들은 그런 신성한 영롱함을 암송이나 만달라, 만뜨라, 신비한 상징, 의례 도구, 초, 향, 그리고 심벌즈를 부딪치는 것과 같은 극적인 소리들을 통해 일깨운다. 일련의 위계적인 비법 전수 의식들을 거치면서 그 가르침들이 서서히 계시된다. 서구인들의 상상 속에서 티베트는 오랫동안 동방 신비주의의 중심지였으며, '눈 덮인 땅' 출신의 토박이 스승을 만나 고대 문화의 의례에 참여할 기회를 갖는 것은 서구 문명이 영적인 내용을 점점 잃어가고 있다고 느끼는 이들에게 매력적으로 받아들여졌던 것이다.

1950년 중국의 티베트 침공은 티베트인의 이산(離散, diaspora)을 촉발했고, 여기에는 훗날 서구의 불교도 집단 안에 다시 안착하게 된 덕망 높은 라마들도 포함되어 있었다. 이제 서구에는 주요 티베트 종파들이 빠짐없이 등장하게 되었다. 초감 퉁빠(Chogyam Trungpa, 1939-1987)와 같은 카리스마 넘치는 티베트의 스승들은 인간 정신의 영적 차원을 놓고 서구 심리학과 대화하기 시작하였다. 불교와 인간주의적 심리학 사이의 협업이 가진 잠재력도 상당한데, 이는 불교가 주류 서구 문화로 들어서는 주요 통로 가운데 하나가 될지도 모른다. 퉁빠는 미국 콜로라도주 볼더에 있는 것과 같은 센터들을 창설하였고, 나중에는 아난다 보디(Ānanda Bodhi, 1931-2003)가 세운 스코틀랜드의 삼예 링(Samye Ling)이라는 자매기관을 떠맡았다.

서구의 미디어는 한편으로 정치와 인권 문제를 다루면서 티베트에 주목해왔고, 많은 서구인들이 중국의 지배에 저항하는 집회와 항의에 동참했다. 리처드 기어나 해리슨 포드 같은 영화배우들의 지지, 성하(聖下) 달라이 라마의 잦은 출현, 그리고 정부 기관들과 국제적 법률가 패널들에 의한 조사 등은 모두 서구에서 티베트의 인지도를 높이는 데 기여했다.

불교의 중국적 형태는 특히 미국에서 두드러지는데, 이는 위에서 언급한 것처럼 대개 이민자들의 도래로 인한 것이었다. 삼장법사 쉬엔화(宣化, 1918-1995)는 1962년에 홍콩으로부터 도미했고, 1968년에 샌프란시스코에서 중미불교총회(Sino-American Buddhist Association)를 결성하였다. 오래지 않아 그 구성원의 대다수가 미국 백인들로 구성되었고, 이 기구는 북부 캘리포니아의 '만불(萬佛)의 도시'에 있는 더 큰 본부로 옮겨갔는데, 그곳에 승려 수련 기관들과 함께 학교와 대학이 세워졌다. 로스앤젤레스에 자리잡은, 대만에 본거지를 둔 시라이스(西來寺)는 서반구에서 가장 큰 불교 사찰이 되는 영예를 차지하였다.

미국에서 최초의 테라와다 협회는 1966년 워싱턴 DC에 세워졌고, 오늘날 20여 개의 사원에 스리랑카, 미얀마, 라오스, 태국, 캄보디아, 그리고 미국 출신의 승려들이 머물고 있다. 테라와다 불교는 절제된 스타일과 카리스마 넘치는 지도력보다는 단순한 방식을 선호함에 따라 비록 그 인지도가 낮긴 하지만, 영국에서는 거의 100년 동안 존재해왔다. 테라와다는 서구에 출현한 최초의 불교 형태로서, 사물의 순환적 성질로 인해 현재는 일종의 부흥기를 맞이하고 있다. 빨리어, 곧 테라와다 문헌의 언어에 대한 관심이 최근 몇 년 동안 증대되었고, 빨리어 정전의 전산화된 판본들을 이용할 수 있게 되어 연구 또한 촉진하고 있다. 영국 헤멜 헴스테드 인근의 아마라와띠 불교 센터(Amarāvatī Buddhist Center)와 같은 새롭고 활기찬 센터들도 생겨났다. 이것은 1985년에 태국 승려 아잔 차 (Ajahn Chaa, 1918-1992)의 제자인 미국인 승려 아잔 수메도 (Ajahn Sumedho, 1934-)의 지도에 의해 세워졌다.

불교의 인기

왜 불교가 서구에서 그렇게 인기 있는 것으로 판명되었을까? 그 이유는 복잡하며, 그것은 불교의 매력만큼이나 서구의 문화사와도 관련된다. 서구의 다양한 불교 '독해들'은 이따금씩 세인의 관심을 끌어왔는데, 이는 불교 자체에 대해서보다는 서구에서 그 독해법이 달라져가는 양상에 대해 더 많은 것을 말해준다. 서구에서 불교에 대한 가장 대중적인 해석들 가운데 하나는 그것을 합리적 철학으로 보는 것인데, 서구의 발전은 이런 점에서 불교에 우호적인 환경을 제공했다. 18세기 계몽주의 시대 이래로 서구에 주로 문화적으로 영향을 끼친 것은 과학과 세속적 자유주의였다. 합리적 철학으로서의 불교는 적어도 정통의 서구 종교의 경우보다는 훨씬 더 이 두 가지와 양립하는 것으로 보인다. 과학적 발견이나 진화론과 같은 이론들은 전통적인 기독교의 여러 가르침들에 도전하였고, 계시된 '진리들'을 옹호하는 기성 종교가 오랜 기간 보여온 방어적 행태는 그것을 교조적이고 비합리적이며 퇴영적인 것으로 보이게 하였다. 신(神)의 의인화된 관념이 없다는 것은 불교를 현대인들의 마음에 좀더 수용될 만한 것으로 만든 또하나의 특징이다.

이와 대조적으로 불교 교리 중에는 과학과 정면으로 충돌하는 것이 거의 없는 것처럼 보이는데, 불교 현대화론(Buddhist modernism)을 주창하는 이들은 과학과 충돌하는 어떠한 것에 대해서건 비유적 해석을 제시하였다. 불교의 세계관은 전통적 기독교의 우주보다 덜 교조적이고, 현대 우주론에서 발견한 것들과 충돌하기보다는 오히려 그것을 예견하는 것처럼 보인다. 더 나아가 최근의 양자물리학 관련 연구는 과학이 점차 불교 철학에 기술된 것과 다르지 않은 실재관에 도달하고 있음을 시사한다. 프리초프 카프라의 『현대물리학과 동양사상Tao of Physics』(1976)은 이론물리학의 개념적 세계들과 동양사상 간의 흥미로운 유사점들을 보여준다.

아마도 서구인들이 수용하기에 가장 어려운 불교 개념인 환생에 대한 믿음조차도 미국의 정신과 의사인 이언 스티븐슨과 같은 사람의 연구에 의해 경험적 지지를 받았으며, 이는 특히 그의 저서 『환생을 시사하는 20가지 사례들Twenty Cases Suggestive of Reincarnation』(1974)에 잘 나타나 있다. 환생에 대한 믿음은 여러 문화권에 널리 퍼져 있는데, 기독교 이후의 서구에는 그 개념이 다시금 대중문화의 일부가 되어가고 있다. 많은 사람들이 최면 상태에서 전생퇴행(past life regression)을 시험하였고, 이전의 존재들로부터의 경험들을 상기했다고 주장한다. 그 문제의 진실이 무엇이건 간에 환생이라는 개념은 호기심을 자아내며, 많은 사람들이 매력적으로 느끼는, 인간의 삶에 대한 흥미롭고도 새로운 관점을 제공한다.

환생 개념이 함의하는 것 중 하나는 개인들이 다른 종(種)을 거치면서 윤회한다는 것인데, 예컨대 인간이 동물로 다시 태어난다거나 그 반대인 상황을 말한다. 이것은 인간과 나머지 생명체 사이의 관계에 대한 새로운 관점을 제공하며, 이는 오늘날의 생태학과 아주 잘 조응되는 것이다. 전통적인 기독교의 관점에서 인간은 자연 세계의 경비인 또는 관리자로서의 의무를 부여한 신에게 책임을 져야 하지만, 다른 면에서는 자연적 질서에 대한 지배력을 자유로이 행사할 수 있다. 많은 생태학자들은 이런 믿음이야말로 자연에 대한 과도한 착취를 부추기고 다른 종의 행복에 대해 무관심한 태도를 부추기는 것으로 보고 있다. 오직 인간만이 불멸의 영혼을 가지고 있고 동물에게는 천국에서 있을 곳이 없다는 기독교의 가르침은 '종차별주의적(speciesist)'인 것이며, 현대의 많은 사상들의 총체론적(holistic) 취지에 부합되지 않는 것으로 여겨진다. 기독교와 달리 불교는 상이한 형태의 생명들 사이에 확고하고 고정적인 선을 긋지 않는다. 비록 인간의 삶이 특별한 가치를 가지고 있음을 인정하긴 하지만, 불교는 모든 생명체가 단지 인간들을 위해 가지고 있을지 모르는 그 유용성 때문이 아니라 그 자체로 존경받을 가치가 있음을 인정한다.

불교는 또한 현대 서구의 다른 주도적 이념, 곧 세속적 자유주의와도 조화를 이루는 것으로 보인다. 불교는 교조적이지 않은데, 심지어 그 추종자들에게도 그 가르침을 무비판적으로 수용하지 말고 항상 그들 자신의 경험에 비추어 시험해 보라고 강조할 정도이다. 그 추종자들에게 처음 단계에는 몇 가지 기본적 가르침을 믿을 것과 긍정적이고 개방적인 태도를 취할 것을 요청하지만, 불교는 교의(敎義)의 문구를 수용하는 것보다는 그 이해력을 개발하는 것에 더 많은 관심을 쏟는다. 불교가 그 추종자들에게 신앙을 고백하게 하거나 의례에 참여하게 하거나 또는 그 밖의 여러 요건들을 거의 부과하지 않는다는 사실은 다원주의적 환경에서 불교도로서 사는 것을 용이하게 만들며, 세속적 가치들과의 공공연한 충돌 가능성을 최소화한다. 아마도 불교의 이런 측면은 교회와 국가가 헌법상 분리되어 있는 미국에서 그것이 인기를 끄는 데 기여했을 것이다.

불교는 또 윤리의 영역에서 자유롭고 진보적인 것으로 여겨진다. 그 도덕적 가르침은 '너는 이래서는 안 된다(Thou shalt not)'와 같은 명령문 형태의 율법으로 표현되지 않고, 그것을 따를 경우 자신 및 타인을 선과 행복으로 이끄는 합리적 원칙들로 표현된다. 다른 관점들에 대한 불교의 관용은 서구 종교의 역사에 보이는 좀더 어두운 몇몇 사건들과 대조를 이루는데, 후자에서는 이단이라는 낙인을 찍기 위해 박해와 고문이 자행된 적이 있기 때문이다. 기성 종교의 교조적인 설교조에 반대하는 서구인들은 종종 스스로 불교가 자신의 종교적 목적을 추구할 수 있는, 마음에 맞는 대안이라고 느낀다. 명상 또한 강한 매력이 있고, 스트레스나 기타 심신 문제들을 다루기 위한 실용적 기법을 제공한다.

불교 현대화론

불교가 영향력 있는 현대의 이데올로기들과 조화를 이루는 것으로 제시될 수 있다는 사실은 의문의 여지 없이 그것이 서구에서 확산되는 데 일조했다. 그러나 '불교 현대화론(Buddhist modernism)'이라고 명명된 이런 불교 독해법은 아주 이른 시기부터 있어왔고, 현대 서구의 태도와 덜 조화되는 그 종교의 몇몇 특징들을 상쇄시킨다. 기적과 만뜨라, 주송, 부적의 효용성에 대한 믿음이 그런 사례이다. 오늘날에도 티베트 망명 정부는 중요한 사안에 대한 조언을 구하기 위해 국가의 신탁을 참고하고 있다. 신과 정령들이 거주하는 초세간적 영역에 대한 믿음과 보이지 않는 업의 힘에 대한 믿음은 아주 이른 시기부터 불교의 가르침들에서 핵심적인 또하나의 교리이다.

여성의 지위에 대한 전통적 불교의 관점 또한 문제투성이이다. 많은 여성주의자들은 모든 종교를 본질적으로 가부장적이고 억압적인 것으로 보지만, 불교와 관련해서는 더욱 복잡한 그림이 떠오른다. 불교는 전통적 아시아 사회의 산물로서, 이 사회에서 여성은 남성에게 종속적인 것으로 간주되었다. 주로 이런 문화적 연상작용들 때문에 불교는 참으로 '남성 중심적'이라고 기술될 수도 있으며, 분명히 많은 자료에는 여성으로 다시 태어나는 것을 상대적으로 불운하다고 보는 경향이 있다. 아마도 이것은 노골적인 차별 때문이라기보다는 몇몇 아시아 문화의 많은 여성들이 과거에도 그러했고 오늘날에도 보잘것없는(unenviable) 상태로 있다는 사실을 반영하는 것이다. 그러나 아시아 문화를 이런 점에서 일반화하는 것은 잘못일 것이다. 전근대의 유럽과 비교할 때, 서구보다는 미얀마와 같은 국가들에서 여성의 지위가 법률적으로나 여타 면에서 훨씬 나았던 것이다. 더욱이 불교는 정신적 진보를 이루는 과정에서 여성에게는 사회적 성격의 장애물을 제외하고는 어떠한 장애물도 없다고 믿는다. 붓다는 당시 사회가 그런 혁신적 발전을 맞이할 준비가 안 되어 있다고 느꼈는지 처음

인종과 계급

1979년 '두 개의 불교들'이라는 용어를 제시한 찰스 프레비시는 서구의 불교 공동체를 몇 가지로 분류할 것을 일찍이 제안하였다. 이는 당시 서구의 불교도들이 아시아계의 '소수민족 불교도'와 주로 백인인 유럽계 불교 개종자라는 두 개의 주된 집단으로 구성되어 있음을 인식한 것이다. 이어서 전통주의 불교도, 현대화주의 불교도, 세계주의 불교도의 구분(바우만Bauman)과 엘리트주의 불교도, 복음주의 불교도, 소수민족 불교도의 구분(내티어Nattier)을 포함하는 분류 체계들이 제시되었다. 그러나 다양성, 시간 경과에 따른 승가 내부의 발전, 그리고 소외의 과정들을 온전히 설명하는 방식으로 불교운동들을 개념화할 최선의 방법이 무엇인지를 찾는 것은 지금도 미해결 상태로 남아 있다.

서구의 대다수 개종 불교도들은 백인이면서 다수인종, 그리고 중산층이라는 경향을 보인다. 서구 불교운동 내부에서의 민족적 다양성 문제들에 대한 연구는 아직 유아기 단계에 있고, 수행자들이 즉석에서 이끄는 선도적인 시범사업들로 이루어지는 경향이 있다. 후자의 경우 대체로 의식을 함양하고 대화를 촉진하는 데 관심이 있다. 앞의 사례 가운데 하나는 미국의 불교 잡지인 〈트리시클Tricycle〉이 1994년 특별호에서 "다르마, 다양성, 그리고 인종"에 대하여 다룬 것이다. 미국불교평화협회(American Buddhist Peace Fellowship, BPF)의 기관지 〈터닝 휠Turning Wheel〉 또한 1999년에 이 주제와 관련된 특별호를 냈는데, 그 뒤 아프리카계 불교도, 아시아계 불교도, 라틴계 불교도에 관한 특별호와 인종차별주의에 맞서기 위해 백인과 유색인종 간의 연대 강화를 다룬 기사들을 내기도 했다.

서구에서 불교의 발달에 핵심적 영향을 끼친 것은 개인주의, 자율성, 그리고 자립의 개념이다. 그러한 개념들은 서구인들이 불교에 접근하는 데 줄곧 큰 영향을 끼치고 있다. 이는 유색인종 공동체 구성원들이 스스로를 인식할 법한 그런 방식과 대비된다. 차별과 불이익이라는 조건들은 유색인종들로 하여금 연대의 네트워크를 구축해서 사회적 조건들에 대해 문제제기를 하고, 그럼으로써 '개인'이라는 서구의 개념에 덜 동화되게 이끈다.

'참여불교(engaged Buddhism)'의 발달은 소수민족과 '인종'의 문제를 논할 새로운 기회를 제공한다. 그러나 소카갓카이 인터내셔널의 노력과는 별개로, 인종과 문화적 문제들은 서구의 참여불교에서 두드러지게 나타나지는 않았다. 이와 대조적으로 기독교 교회들은 인종적 불이익과 차별의 문제들을 논한 수십 년간의 경험이 있고, 이는 상당한 정도의 신학적 연구와 반성을 낳았다. 사회참여적 불교가 수용한 인권, 생태환경, 그리고 평화와 같은 과제들 중 많은 것들은 형사사법, 공동체의 안전, 교육, 양질의 보건과 취업에 대한 접근성을 위해 노력한 유색인종 공동체의 과제들과도 다르다. 더욱이 많은 개종 불교도 운동들은 그들의 가르침을 서구의 고등 문화에 대한 상당한 지식과 이해를 전제하는 방식으로 전달한다. 그로 인해 이런 운동들은 주로 중간 이상의 교육 수준을 가진 이들에게 호소력을 가지게 되는 것이다. 대부분의 서구 불교 운동에서 자신들의 가르침을 사회적 역량 강화, 사회적 차별, 그리고 문화적 차이들에 적용하는 것은 대체로 탐구되지 않은 채 남아 있다.

에는 여성 수도자(비구니) 교단의 창설을 허용하기를 꺼렸다. 그럼에도 불구하고 불교는 이를 시행한 최초의 종교 중 하나였던 것이다.

철학적 관점에서 영향력이 큰 불교 문헌들은 다른 자연적 속성들과 마찬가지로 젠더도 본질적 실재성이 결여되어 있다고 지적한다. 이는 불교철학에 관한 한, 여성에 대한 차별의 근거를 약화시킨 것이다. 그러나 철학적 수준에서 젠더의 평등을 수용했음에도 불구하고, 서구에서 일반화된 남녀 간의 자유로운 교제를 불교에서도 수용할 수 있도록 몇 가지 전통적인 의례와 관습들을 수정할 필요가 있을 것이다. 사꺄디따(Sakyadhita, '붓다의 딸들'이라는 뜻)로 알려진 기구, 곧 불교 여성들의 국제적 협의체는 다양한 국가와 전통들에 속한 불교 여성을 연결시키기 위해 존재한다.

불교적 계몽?

불교와 서구 사상 간의 충돌이 발생할 영역은 여전히 남아 있고, 현대화론자들의 해석에 의해 그 차이점들은 정면으로 받아들여지기보다는 눈앞에서 가려져버리고 말았다. 우리에게 요청되는 것은 '불교적 계몽'인데, 이는 현대의 문제들에 대한 분명하고도 일관성 있는 한 묶음의 가르침이 생겨날 수 있도록 그 종교의 지적 토대를 체계적으로 갱신하는 것을 말한다. 최근 수십 년 동안 '사회참여적 불교'로 알려진, 광범위한 지역에 근거한 운동이 사회적·정치적·도덕적 본성의 문제들을 다루기 시작했다. 베트남의 승려 틱낫한의 가르침에 기반한 그 운동은 고대의 가르침을 현대적 삶의 도전들에 적용할 방법을 모색하고 있다. 불교는 전근대적 현상이고 서구의 삶에서 생기는 문제들을 거의 겪어보지 않았기 때문에 이는 결코 쉬운 일이 아니다. 불교문화의 중심지 중 하나인 티베트는 반세기 전까지만 해도 중세의 신정(神政)체제였고, 외부 세계와 철저히 단절되어 있었다. 아시아의 다른 지역의 불교는 대개 촌락과 사원이 공생하는 농업 중심의 소작농 집단의 필요에 맞춰져 있었다. 이런 맥락에서 발생하는 문제들은, 종교와 도덕적 문제에 대한 의견 일치가 없고 개인이 친족 관계의 네트워크 내부에서보다는 원자적 개체로서 기능하는 서구의 도시 공동체 거주자들이 마주한 것들과는 다르다. 불교가 서구를 위하여 스스로를 재창조하는 데 성공할지 여부는 그것이 어느 정도나 주류 종교의 힘을 가질지에 의해 결정될 것이다.

불교가 마주하는 딜레마는 독특한 것이 아니며, 다른 종교에서 동시대에 발달한 것들은 흥미로운 유사점을 보여준다. 유대교의 정통파와 진보파 사이의 분열과 유사한 보수파와 진보파 사이의 분열이 불교 내부의 긴장으로 인해 야기된다

> ### 서구를 위한 새로운 불교?
>
> 시간이 흘러 그 자체로 숙고해서 만들어진 것도 아니고, 다른 모든 것과 마찬가지로 불교라는 동일한 뿌리, 다시 말해 붓다의 깨달음의 기록으로부터 자연스럽게 자라난…… 서구의 불교, 곧 'Nava-yana', 곧 '새로운 수레'가 생겨나지 않을 이유가 있겠는가? 그것이 곁에서 함께 행복하게 자라고, 최고의 서구의 과학, 심리학, 그리고 사회과학과 혼합되며, 따라서 끊임없이 변하는 서구 사상의 분야에 영향을 끼치지 못할 이유도 없는 것이다. 그것은 테라와다나 선이 되지는 않을 것이다. ……그것이 정작 무엇이 될 것인지를 우리는 모르며, 현재 그것은 중요하지 않다. 그 자체로 담마는 불멸하는 것이지만, 그 형태는 항상 변하는 인간의 필요에 부응하기 위해 항상 변해야 한다.
>
> — Christmas Humphreys, *Sixty Years of Buddhism in England*, p. 80. 크리스마스 험프리스(1901-1983)는 영국불교회(Buddhist Society in England)의 창립자이자 회장이다.

고 하더라도 이는 전례 없는 일이 아닐 것이다. 아마도 역사는 반복될 것이며, 서구에 불교가 도래함으로써 기원전 3세기에 진보주의자들과 보수주의자들 사이에서 빚어진 '근본 분열'의 현대적 버전이 유발될 수도 있을 것이다. 뚜렷하게 서구적 형태의 불교를 개발하려고 하는 집단은 앞에서 언급한, 영국에 근거한 삼보불교회이다. 이 집단의 구성원들은 공동생활을 하며, 불교의 원리에 따르는 협동조합에 의해 유지되는 대안적 사회를 구현하고자 헌신한다.

최근 정보기술의 발달은 불교의 확산에 영향을 끼칠 또하나의 요인이다. '사이버 승가'의 탄생, 곧 컴퓨터에 의해 연결된 불교도 집단의 네트워크와 전자 미디어를 통한 불교 관련 온라인 정보의 활용은 지구 건너편의 개인들이 전에는 결코 존재하지 않았던 '가상의' 불교 공동체에 이제는 인터넷을 통해 접근하게 되었음을 의미한다. 전지구적 정보망이 존재하기는 하지만, 1장에서 언급한 장님 코끼리 만지기 식의 오해들을 줄이려면 아직도 먼 길을 가야 할 것이다.

역사학자 아널드 토인비(1889-1975)는 불교와 서구와의 만남을 "21세기의 가장 큰 충돌 가운데 하나"라고 기술하였다. 이런 문화들의 합류에 불교는 세련된 심리학, 명상 기법, 심오한 형이상학, 그리고 보편적으로 존경받는 윤리의 조목을 가져온다. 서구는 회의적 경험주의, 실용주의적 과학과 기술, 그리고 민주주의와 개인의 자유에 대한 헌신을 가져온다. 만약 다른 문화로 확산된 불교의 역사가 어떤 교훈을 제시한다면, 그것은 완전히 새롭고 독특한 형태의 불교가 이 만남으로부터 태어나게 될 것이라는 점이다.

감사의 말

이 책을 집필하면서 나는 여러 학생과 동료, 그리고 친구들이 제안한 것들로부터 많은 도움을 받았다. 골드스미스 칼리지에서 대략 25년 동안 나의 불교 수업을 들은 학생들은 나에게 기니피그와 같은 실험대상이 되어주었고, 유용한 제안들을 많이 해주었다. 나는 또 랜스 커즌스, 피터 하비, 찰스 프레비시와 같은 동료들로부터 큰 도움을 받았다. 그들은 너그러이 이런저런 조언을 해주었고, 내가 오류를 범하거나 간과한 부분이 없도록 잘 이끌어주었다. 그래도 어떤 오류나 간과한 부분이 있다면 그것은 전적으로 나의 책임이다.

마지막으로 이 프로젝트를 처음부터 끝까지 지켜보면서 나에게 조언과 지원, 격려를 아끼지 않았던 옥스퍼드대학 출판

부의 조지 밀러에게 감사를 표하게 되어 영광이다. 또한 레베카 헌트에게도 출판 과정이 매끄럽고 효율적으로 진행될 수 있도록 솜씨를 발휘한 것에 대해서 감사한다. 어떠한 저자도 편집과 관련하여 그 이상의 전문적 지원을 바랄 수는 없을 것이다.

연표

('*': 추정 연도)

기원전

604	중국, 노자의 탄생
566-486*	붓다의 생애에 대한 통속적 연대
550-470	공자의 생애
490-410*	최근 연구에 따른 붓다의 생애
410*	제1차 결집
326	알렉산드로스 대왕이 인더스 유역을 지남
325*	근본 분열
323	알렉산드로스 대왕의 서거
321-184*	마우리야 왕조
268-239*	아쇼까왕 재위
250*	상좌부 전통에서 종파적 분열이 나타남
	아쇼카왕의 전법 활동
	불교가 마힌다에 의해 스리랑카에 전해짐
80*	빨리어 정전이 스리랑카에서 문자로 기록됨

기원후

기원전 100 – 기원후 100*	대승의 태동
	불교가 중국에 도래함
100*	불교가 캄보디아에 도래함

150*	불교가 베트남에 도래함
	중관학파의 창시자 나가르주나가 활약함
200*	『법화경』
250*	유가행학파의 기원
400*	『유마경』
	불교가 미얀마에 도래함(그 이전일 수도 있음)
	불교가 한국에 도래함
450*	북서부 인도 지역을 백훈족이 침략함
400-500	붓다고사의 생애
	빨리어 정전에 대한 주요 주석서들이 만들어짐
500-600	딴뜨라(와즈라야나) 불교의 발달
	불교가 일본에 도래함
600-700	불교가 티베트에 도래함
618-917	당나라 시기(중국)
794-1185	헤이안 시대(일본)
900-1000	투르크계 무슬림의 북인도 침공
1000*	불교가 태국에 도래함(그 이전일 수도 있음)
1044-77	아나우라타왕 재위(미얀마)
1100-1200*	중국과 한국으로부터 선이 일본에 도래함
1173-1262	신란
1185-1333	가마쿠라 시대(일본)
1200*	날란다대학의 최종적 약탈
1200-1300	인도에서 불교가 사라짐

마르코 폴로가 중국을 방문함

1222-82	니치렌
1287	몽골에 의한 파간 약탈(미얀마)
1357-1410	쫑카빠의 생애
1850*	불교에 대한 서구의 관심이 시작됨
1868-1871	만달레이에서 제5차 불교도 결집 열림
1881	빨리성전협회 창립
1907	영국과 아일랜드 불교회 창립
1950	중국의 티베트 침공
1952	세계불교우의회 창립
1954-1956	양곤(랑군)에서 제6차 불교도 결집 열림
1956	붓다 자얀띠의 해, 불교 2천 500년 역사를 기념함
1959	달라이 라마가 봉기 실패 후 티베트를 탈출함
1966	문화혁명(중국)
1987	미국불교의회 창립
1989	달라이 라마가 노벨평화상을 수상함
1991	아웅산 수치가 노벨평화상을 수상함

독서안내

('*'로 표시된 것은 JBE 온라인 서적 사이트(http://www.jbeonlinebooks.
org)에서 인터넷 자료들로 연결되는 링크를 가진 전자책 형태로도 구할 수 있
다.)

불교에 대한 좋은 입문서들이 다수 있는데, 본서에서 제공된 기본적인 윤곽을
보충하는 데 유용할 것이다. 다음과 같은 책들이 거기에 포함된다.

Peter Harvey, *An Introduction to Buddhism: Teachings, History and
Practices* (Cambridge: Cambridge University Press, 2012).

*Damien Keown and Charles Prebish, *Introducing Buddhism* (London:
Routledge, 2009).

Donald W. Mitchell, *Introducing the Buddhist Experience* (Oxford:
Oxford University Press, 2007).

R. H. Robinson, W. L. Johnson, and Thanissaro Bhikkhu, *Buddhist
Religions: A Historical Introduction* (Belmont, CA: Wadsworth Publishing
Co. Inc., 2003).

풍부한 도해를 곁들인 서문과 다양한 불교문화에 대해 여러 전문가들이 기고
한 장으로 구성된 책으로는 다음을 보라.

Heinz Bechert and Richard Gombrich (eds.), *The World of Buddhism:
Buddhist Monks and Nuns in Society and Culture* (London: Thames and
Hudson, 1984).

붓다의 생애와 사회적 맥락에 대한 아주 훌륭하고 짤막한 소개는 다음 책에서
찾을 수 있다.

M. Carrithers, *The Buddha: A Very Short Introduction* (Oxford: Oxford University Press, 2001).

테라와다 불교에 대한 뛰어난 입문서로는 다음을 보라.

Richard Gombrich, *Theravada Buddhism: A Social History from Ancient Benares to Modern Colombo* (London: Routledge, 1988).

인도에서의 불교 형성기에 대한 좀더 자세한 설명은 다음을 보라.

Rupert Gethin, *The Foundations of Buddhism* (Oxford: Oxford University Press, 1998).

Paul Williams, Anthony Tribe, and Alex Wynne, *Buddhist Thought: A Complete Introduction to the Indian Tradition* (London: Routledge, 2011).

대승불교의 사상에 대한 좀더 심화된 설명은 다음을 보라.

Paul Williams, *Mahayana Buddhism: The Doctrinal Foundations* (London: Routledge, 1989).

불교의 확산에 관한 통찰력 있는 안내서로는 다음을 보라.

E. Zürcher, *Buddhism, its Origin and Spread in Words, Maps and Pictures* (New York: Routledge and Kegan Paul, 1962).

불교미술과 도상학의 주제는 다음 책에 서술되어 있다.

D. L. Snellgrove (ed.), *The Image of the Buddha* (London: Serindia Publications, 1978).

티베트불교는 다음 책에서 논의된다.

John Powers, *Concise Introduction to Tibetan Buddhism* (Ithaca, NY: Snow Lion Publications, 2008).

*Geoffrey Samuel, *Introducing Tibetan Buddhism* (London: Routledge, 2012).

중국불교에 대해서는 다음 책을 보라.

K. K. S. Ch'en, *Buddhism in China: A Historical Survey* (Princeton: Princeton University Press, 1964).

E. Zürcher, *The Buddhist Conquest of China* (Leiden: Brill, 1959).

중국적 맥락에서의 불교에 관해서는 다음 책을 보라.

*Mario Poceski, *Introducing Chinese Religions* (London: Routledge, 2009).

일본불교는 다음 책에서 다뤄진다.

J. M. Kitagawa, *Religion in Japanese History* (New York: Columbia University Press, 1966).

일본적 맥락에서의 불교에 관해서는 다음 책을 보라.

*Robert Ellwood, *Introducing Japanese Religion* (London: Routledge, 2007).

불교 명상에 관해서는 다음 책을 보라.

Sarah Shaw, *Introduction to Buddhist Meditation* (London: Routledge, 2008).

불교 명상에 대한 뛰어나면서도 실용적인 안내로는 다음 책이 있다.

Kathleen McDonald, *How to Meditate* (London: Wisdom Publications, 1984).

태국 사원에서의 명상 수행에 대한 소수민족 관련 설명은 다음 책에서 볼 수 있다.

Joanna Cook, *Meditation in Modern Buddhism: Renunciation and Changes in Thai Monastic Life* (Cambridge: Cambridge University Press, 2010).

불교와 신경과학의 연결에 관한 정보는 다음 책을 참조하라.

Allan B. Wallace, *Contemplative Science: Where Buddhism and Neuroscience Converge* (New York: Columbia University Press, 2006).

James H. Austin, *Zen and the Brain: Toward and Understanding of Meditation and Consciousness* (Cambridge, MA: MIT Press, 1999).

Kelly Bulkeley (ed.), *Soul, Psyche, Brain: New Directions in the Study of Religion and Brain-Mind Science* (Basingstoke: Palgrave Macmillan, 2005).

불교 윤리학에 관해서는 다음 책을 보라.

Damien Keown, *Buddhist Ethics: A Very Short Introduction* (Oxford: Oxford University Press, 2005).

Peter Harvey, *An Introduction to Buddhist Ethics: Foundations, Values and Issues* (Cambridge: Cambridge University Press, 2000).

H. Saddhatissa, *Buddhist Ethics: Essence of Buddhism* (London: Wisdom Publications, 1987).

Roshi Philip Aitken, *The Mind of Clover: Essays in Zen Buddhist Ethics* (Berkeley, CA: North Point Press, 1984).

불교와 전쟁이라는 주제는 다음 책에서 다루어진다.

Brian Daizen Victoria, *Zen at War* (Lanham, MD: Routledge, 2006).

Michael K. Jerryson and Mark Juergensmeyer, *Buddhist Warfare* (New York: Oxford University Press USA, 2010).

Xue Yu, *Buddhism, War, and Nationalism: Chinese Monks in the Struggle against Japanese Aggression 1931-1945* (London: Routledge, 2005).

Tessa J. Bartholomeusz, *In Defence of Dharma: Just-War Ideology in Buddhist Sri Lanka* (London: Routledge, 2002).

불교 윤리학에 관한 학술 논문을 제공하는 온라인 자료는 *The Journal of Buddhist Ethics* (http://blogs.dickinson.edu/buddhistethics)에서 무료로 이용할 수 있다.

불교에서의 여성의 역할에 관해서는 다음 책을 보라.

Rita M. Gross, *Buddhism after Patriarchy: A Feminist History, Analysis, and Reconstruction of Buddhism* (Albany, NY: State University of New York Press, 1993).

Diana Y. Paul, *Women in Buddhism: Images of the Feminine in the Mahayana Tradition* (Berkeley, CA: University of California Press, 1985).

Karma Lekshe Tsomo, *Buddhism Through American Women's Eyes* (Ithaca, NY: Snow Lion Publications, 2010).

딴뜨라 불교 운동의 여성 창시자들에 관해서는 다음 책을 보라.

Miranda Shaw, *Passionate Enlightenment: Women in Tantric Buddhism* (Princeton, NJ: Princeton University Press, 1995).

비구니 수계식의 완전 회복을 위한 운동에 관해서는 다음 책을 보라.

Thea Mohr, Ven. Jampa Tsedroen, *Dignity and Discipline: Reviving Full Ordination for Buddhist Nuns* (Somerville, MA: Wisdom Publications, 2010).

다음 책들은 현대 사회에서의 불교의 역할과 관련해 여러 측면들을 논하고 있다.

H. Dumoulin (ed.), *Buddhism in the Modern World* (London: Collier Macmillan Limited, 1962).

P. C. Almond, *The British Discovery of Buddhism* (Cambridge: Cambridge University Press, 1988).

Robert Bluck, *British Buddhism: Teachings, Practice, and Development* (London: Routledge, 2006).

Ken Jones and Kenneth Kraft, *The New Social Face of Buddhism: A Call to Action* (Somerville, MA: Wisdom Publications, 2003).

*Charles S. Prebish, *American Buddhism* (Belmont, CA: Duxbury, 1979).

Charles S. Prebish and Kenneth K. Tanaka (eds.), *The Faces of Buddhism in America* (Berkeley, CA: University of California Press, 1998).

Charles S. Prebish, *Luminous Passage: The Practice and Study of Buddhism in America* (Berkeley, CA: University of California Press, 1999).

Dharmachari Subhuti, *Buddhism for Today: A Portrait of a New Buddhist Movement* (Salisbury: HarperCollins Distribution Services, 1983).

불교에 대해 배우는 최선의 방법은 붓다의 가르침들을 읽는 것이다. 여러 저자들에 의한 빨리어 정전의 표준적 완역판은 빨리성전협회에서 출간된 것이지만, 좀더 최근에 번역된 것들도 Wisdom Publications에서 간행한 〈Teachings of the Buddha〉 시리즈에서 구할 수 있다.

초기 경전의 모음들은 다음 책에서 접할 수 있다.

Rupert Gethin (trans.), *Sayings of the Buddha: New Translations from the Pali Nikayas* (Oxford: Oxford University Pres, 2008).

Bhikkhu Bodhi, *In the Buddha's Words: An Anthology of Discourses from the Pali Canon* (Somerville, MA: Wisdom Publications, 2005).

역자 후기

　불교는 종교인가? 철학인가? 종교이면서 철학인가? 혹은 종교도 아니고 철학도 아닌가? 인도 대승불교의 중관학파 문헌에 익숙한 이라면 이 네 가지 질문에 대하여 모두 '아니요'라고 답할 것이다. 중관학파는 언어와 논리의 한계를 철저하게 자각하여 우리가 가지고 있는 이분법적 구별을 넘어서기 위해 이른바 '사구(四句)'로 알려진 이러한 선택지를 제시하고, 그것에 대한 어떠한 단정적인 답도 만족스럽지 못함을 보여주려 하였다. 그러나 이러한 사상사적 맥락은 차치하더라도 '불교'라고 불리는 대상에 대해 조금이라도 주의 깊게 관찰한 이라면 이 질문에 답하기가 쉽지 않다는 것을 느낄 것이다.

　이 책의 저자인 데미언 키온은 바로 이러한 문제의식을 가지고서 책의 첫머리를 시작하고 있는 것으로 보인다. 그는 '장님 코끼리 만지기'의 이야기를 통해 불교를 어느 하나의 관점에서 규정하거나 정의할 수 없음을 강조하는데, 이 이야기 자체가 불교 경전에서 유래하고 있다는 점은 흥미로운 일이 아닐 수 없다. 곧 이 이야기를 불교에 적용할 경우 불교는 종교 또는 철학 중 어느 하나, 양자 모두인 것, 나아가 양자 어디에도 해당되지 않는 것으로 규정되는 것을 스스로 거부했다고 할 수 있는 것이다.

저자는 그러나 기존의 유신론적 종교 전통의 '신과의 합일'이라는 틀에 얽매이지 않는 보다 포용적인 비교종교학적 관점에 설 경우 불교를 '다양한 차원을 가진 종교'로 볼 수 있다고 전제하면서, 그 안에는 철학적 요소가 분명히 있음을 인정하는 태도를 취한다. 저자는 나아가 이렇게 포괄적으로 정의된 종교로서의 불교에는 니니안 스마트가 제시한 1) 실천적·의례적 차원, 2) 경험적·정서적 차원, 3) 서사적·신화적 차원, 4) 교리적·철학적 차원, 5) 윤리적·법제적 차원, 6) 사회적·제도적 차원, 7) 물질적 차원의 일곱 가지 차원이 모두 포함되어 있다고 주장한다.

이 책은 이 가운데 특히 2), 4), 5)의 세 가지 차원에 대하여 집중적으로 설명하고 있다. 그러면서도 대부분의 불교 입문서가 그러하듯이 '교조'이자 역사적 인물로서의 붓다에 대해서도 제2장에서 간략한 소개를 제시하고 있는데, 이는 셋째의 서사적·신화적 차원에 해당된다고 할 수 있다. 이어 제3장부터 제5장까지를 불교의 교리적·철학적 차원에 해당하는 업, 윤회, 사성제, 대승 등의 개념을 설명하는 데에 할애하고 있다. 또한 전근대 시기의 아시아 전역은 물론이고 현대 서구 사회에서의 불교의 전파·확산 과정을 다룬 제6장과 제9장을 통해 이 책이 '세계종교'로서의 불교의 다양한 측면까지도 포괄하고 있음을 확인할 수 있다. 아울러 명상을 다룬 제7장과 윤리를 다룬 제8장에서는 종교로서의 불교의 둘째와 넷째 차원을 상세히 분석하고 있다. 특히 제8장에서 저자는 한편으로 생명 존중과 관련하여 불교의 '불해(不害)' 개념이 가진 보편성을 높이 평가하지만, 다른 한편으로는 종종 살생을 정당화하는 데 동원되기도 한 대승불교의 '방편' 개념이 가진 문제점이나 전쟁 및 평화주의와 관련한 불교적 이상과 역사적 현실의 괴리 등에 대해서도 날카롭게 지적하고 있다.

이상에서 살펴본 것처럼 이 책은 교리나 역사 서술에 그친 기존의 불교 입문서에 비해 불교의 다양한 측면을 비교적 짧은 지면 안에 압축적으로 담으면서 불교에 대한 극단적 호교론(護敎論)으로도 흐르지 않는 비판적·중도적 자세를 잘 보여주고 있다. 이를 통해 독자들은 불교에 대해 비교적 풍부한 정보를 치우침 없이 얻을 수 있으며, 동시에 불교의 역사적·지역적 다양성과 현대 사회의 여러 이슈들과의 연관성에 대해 숙고해볼 기회를 가질 수 있을 것으로 기대된다.

독서안내

철학으로서의 불교에 관심이 있는 독자들은 무아·12연기·오온 등의 개념, 그리고 아비달마·중관·유식 등의 사상사적 전개에 대한 이 책의 서술이 다소 부족하다는 인상을 받을 수도 있을 것이다. 반면에 동아시아 불교 전통에 대한 저자의 다소 비판적인 서술에 공감하며 이 책보다 더욱 비판적인 시각을 제공하는 입문서를 원하는 독자들도 있을 것이다. 전자의 독자들을 위해서는 칼루파하나의 『불교철학: 역사 분석』(이학사)과 『불교철학의 역사: 연속과 불연속』(운주사)을 권한다. 또한 아직 한국어로 번역되지는 않았지만 게신(Rupert Gethin)의 *The Foundations of Buddhism* (Oxford University Press), 시더리츠(Mark Siderits)의 *Buddhism as Philosophy: An Introduction* (Ashgate Publishing) 등도 불교의 사상적·철학적 측면에 관심이 있는 독자들에게 좋은 입문서가 될 것이다. 후자의 독자들에게는 베르나르 포르의 『불교란 무엇이 아닌가: 불교를 둘러싼 23가지 오해와 답변』(그린비)을 권한다. 이 밖에 리처드 곰브리치의 『초기 불전의 기원, 불교는 어떻게 시작되었는가?』(CIR), 월폴라 라훌라의 『붓다의 가르침과 팔정도』(한국빠알리성전협회) 등도 고전적인 불교 입문서로서 잘 알려져 있다.

이 책의 불교 용어 표기에 대하여

이 번역서는 인도불교의 각종 용어를 한글로 표기함에 있어서 경음과 격음을 구별하였다. 따라서 무성무기음(無聲無氣音) 'k' 'c' 't'는 각각 'ㄲ' 'ㅉ' 'ㄸ'로, 무성유기음(無聲有氣音) 'kh' 'ch' 'th'는 각각 'ㅋ' 'ㅊ' 'ㅌ'로 적었다. 이에 따라 'Sanskrit'와 'karma'는 각각 '산스끄리뜨'와 '까르마'로 표기하였다. 또한 'v'는 실제 발음이 'w'에 가깝기 때문에 'nirvana'는 '니르와나'와 같이 표기하였다. 다만 권설음이나 장모음 등은 유사한 다른 자음이나 단모음과 특별히 구별하지 않았다. 기타 로마자로 표기된 용어들의 발음에 대해서는 책 서두의 '인용과 발음에 대한 일러두기'를 참고하기 바란다.

도판 목록

불교
BUDDHISM

초판 1쇄 발행 2020년 5월 8일
초판 2쇄 발행 2023년 8월 1일

지은이 데미언 키온   **펴낸곳** (주)교유당   **펴낸이** 신정민
옮긴이 고승학   **출판등록** 2019년 5월 24일
          제406-2019-000052호
편집 최연희 김윤하   **주소** 10881 경기도 파주시 회동길 210
디자인 강혜림   **전자우편** gyoyudang@munhak.com
저작권 박지영 형소진 최은진 서연주 오서영   **문의전화** 031) 955-8891(마케팅)
마케팅 김선진 배희주   031) 955-2680(편집)
브랜딩 함유지 함근아 김희숙 고보미   031) 955-8855(팩스)
          박민재 정승민 배진성
제작 강신은 김동욱 이순호   **페이스북** @gyoyubooks
제작처 한영문화사(인쇄) 한영제책사(제본)   **트위터** @gyoyu_books **인스타그램** @gyoyu_books

ISBN 979-11-90277-40-2 03220